EL CAMINO
a
SU
PRESENCIA

JOHN y LISA BEVERE

CASA CREACIÓN

El camino a su presencia por John y Lisa Bevere
Publicado por Casa Creación
Una compañía de Charisma Media
600 Rinehart Road
Lake Mary, Florida 32746
www.casacreacion.com

Traducido por: Marina Lorenzín
Diseño de la portada: Lisa Rae McClure
Director de Diseño: Justin Evans

Originally published in English under the title:
Pathway to His Presence
Published by Charisma House
Charisma Media/Charisma House Book Group
Copyright © 2000, 2016 by John and Lisa Bevere

Porciones de este libro fueron publicadas previamente en
los libros de John y Lisa Bevere: *La trampa de Satanás, El
temor de Dios, ¡Fuera de control y disfrutándolo!* y *You
Are Not What You Weigh* (No eres lo que pesas).

Visite la página web de los autores:
www.messengerinternational.org

Library of Congress Control Number: 2016961202
ISBN: 978-1-62999-319-5
E-book ISBN: 978-1-62999-332-4

Impreso en los Estados Unidos de América
17 18 19 20 21 * 5 4 3 2 1

CONTENIDO

SECCIÓN 3
QUITE LA BARRERA
DE LA FALTA DE PERDÓN 59

SECCIÓN 4
ENFRENTAR EL PASADO CON ESPERANZAS
RENOVADAS PARA EL FUTURO 87

SECCIÓN 5
UNA NUEVA GENERACIÓN PARA
REFLEJAR LA GLORIA DE DIOS 113

Sección 6
Ser más conscientes de Dios 141

Sección 7
El temor del Señor nos acerca a Él 171

SECCIÓN 8
INTIMIDAD CON DIOS   199

INTRODUCCIÓN

S I USTED DESEA una relación más profunda y más íntima con el Señor, no está solo. Se ha unido al camino de la multitud que la buscó mucho antes de que su vida fuera formada. Incluso ahora está acompañado por aquellos quienes actualmente buscan el camino que conduce a su santa presencia.

A menudo, no somos conscientes de aquellos que viajan junto a nosotros, a pesar de que sus caminos corren en forma paralela al nuestro. Tal vez podemos encontrarlos en alguna fuente de refrigerio ocasional o durante tiempos de comunión y aliento; pero sobre todo es un camino por el cual viajamos solos. Llegará el día cuando todos nos unamos y descubramos que si bien hemos viajado en caminos diferentes y tenido experiencias distintas, hemos llegado al mismo destino.

Este viaje hacia la presencia de Dios no se logra en un solo día. El enemigo ha llenado el camino de desvíos y barricadas para desalentar nuestro progreso; no obstante, nuestro Señor usa cada obstáculo para atraernos más cerca de Él. Es un viaje de toda la vida. Es un viaje que nos prepara para encontrarnos con Él.

Emprendemos este viaje cuando nos volvemos hambrientos y desesperados por más de Él. Puede suceder en cualquier momento de nuestro caminar cristiano, independientemente de si hemos sido salvos por muchos años o por un corto tiempo. Esta es la hora en que debemos responder a su voz llamándonos a una relación más profunda e íntima con Él. Es cuando un abismo llama a otro abismo. Su voz resuena en los rincones más profundos de nuestras almas, y en la quietud del lugar secreto oímos su invitación para conocerle como nosotros somos conocidos. "Gloria de Dios es ocultar un asunto, y gloria de los reyes el investigarlo" (Pr. 25:2, NVI).

Se nos ha invitado a una búsqueda del tesoro para toda la vida. Dios se ha ocultado (Is. 45:15), y nos invita a buscarle por el camino de la sabiduría. Él nos conducirá y nos guiará en el camino por medio del mapa de su Palabra y las experiencias de aquellos que nos han precedido.

En este camino hacia la intimidad nos encontraremos con obstáculos. El propósito de este libro es permitirle examinarse a sí mismo y mirar dentro de su corazón en búsqueda de cualquier obstáculo oculto y, por lo general, sutil que expondremos en las siguientes páginas. Mediante la combinación de la Palabra, aplicaciones prácticas y la oración, los obstáculos se derrumbarán y el camino hacia su presencia se volverá más libre y más evidente en su vida. Que el Espíritu Santo lo acompañe al aceptar su invitación a su gloriosa presencia.

Al servicio del Señor,
—JOHN Y LISA BEVERE

Sección 1

DIOS EN LOS TIEMPOS DE SEQUÍA

La experiencia en el desierto es diferente para todos. Las circunstancias y los acontecimientos de la vida de cada persona varían. Quizá anhela tener una relación más profunda con el Señor; no obstante, le cuesta encontrar la presencia de Dios. Tal vez se sienta frustrado al buscar una dirección por parte de Dios. Quizá haya orado y la única respuesta que obtuvo fue el silencio.

Job, un patriarca de uno de los libros más antiguos del Antiguo Testamento, tuvo tal experiencia. Su vida se desmoronó "su riqueza desapareció, sus hijos e hijas de repente murieron y fue abatido por una enfermedad física". Sin embargo, a través de cada prueba, Job permanecía fiel y confiaba en el Señor. En medio de su duda y frustración, clamaba: "Si tan solo supiera dónde encontrar a Dios, iría a su tribunal. Expondría mi caso y presentaría mis argumentos. Luego escucharía su respuesta y entendería lo que me dijera" (Job 23:3–5). Job sabía que Dios estaba a cargo de su vida. No obstante, por un tiempo sintió que Dios lo eludía y que el cielo estaba callado.

Quizá haya pasado por una serie de circunstancias que llenaron su mente de muchas preguntas y provocaron que quisiera presentar su caso frente a frente ante Dios. Estos tiempos de sequía constituyen momentos oportunos para tener conversaciones íntimas con el Padre. Son en estos momentos cuando somos más receptivos a su consejo y a su guía. Es allí cuando nuestros espíritus secos anhelan el agua viva, refrescante y reconfortante que solo Él puede dar.

Todos los cristianos pasan por una experiencia en el desierto en un momento u otro. No es el tiempo de buscar su mano, sino el tiempo de buscar su corazón.

Buscar el corazón de Dios forja el carácter y produce fuerzas. Su tiempo en el desierto lo preparará para la tierra prometida; pero cuando se encuentra en medio del desierto, por lo general es tentado a sentirse desanimado, especialmente cuando no tiene entendimiento.

La experiencia en el desierto está designada para formarlo y prepararlo para un nuevo mover del Espíritu de Dios en su vida, siempre y cuando aborde dicha experiencia con sabiduría y ame a Dios. Si entra con la actitud incorrecta o simplemente busca una salida, probablemente experimentará adversidad, frustración e incluso derrota. Es de vital importancia comprender el propósito de Dios en los tiempos de sequía.

Los hijos de Israel se equivocaron al creer que el desierto se trataba del castigo de Dios, así que constantemente murmuraban, se quejaban y deseaban lo que ellos sentían que les faltaba. Cuando llegó la hora de salir del desierto y conquistar la Tierra Prometida, los informes negativos por parte de los murmuradores y quejumbrosos los detuvieron. Cuando se les dio la opción entre las promesas y la capacidad de Dios o las percepciones y la incapacidad humana, eligieron creerle al hombre en lugar de a Dios. Ignoraban la naturaleza y el carácter de Dios. Fueron incapaces de recibir su tierra desde donde fluía leche y miel. Por tanto, Dios dijo: "Está bien, se hará con ustedes conforme a su fe". Pudieron haber pasado solamente un corto tiempo en el desierto, en cambio, pasaron el resto de sus vidas.

Si abraza este tiempo de sequía con gozo, el Señor le proveerá la fuerza para su camino hacia la madurez. Como escribió Santiago: "Porque ustedes saben que, siempre que se pone a prueba la fe, la constancia tiene una oportunidad para desarrollarse. Así que dejen que crezca, pues una vez que su constancia se haya desarrollado plenamente, serán perfectos y completos, y no les faltará nada" (Santiago 1:3–4).

Durante los siguientes cinco días, viajaremos por algunas de estas experiencias en el desierto.

El camino a la presencia de Dios es un viaje que implica cambios y un desierto para crecer y aprender. Dé vuelta la página y avance un paso hacia su presencia. No permita que ninguna barrera le impida conocerle a Él en lo íntimo.

Día uno

CUANDO DIOS ESTÁ CALLADO

*Voy hacia el oriente, pero él no está allí; voy
hacia el occidente, pero no puedo encontrarlo.
No lo veo en el norte, porque está escondido;
miro al sur, pero él está oculto.*

—JOB 23:8–9

MUCHAS VECES, EL clamor de nuestro corazón coincide con estas palabras de Job. Anhela escuchar a Dios, pero la única respuesta que obtiene es el silencio. Ora, sin embargo, sus oraciones parecerían fracasar. Sus frustraciones comienzan a crecer a medida que recuerda el tiempo cuando simplemente susurraba el nombre del Señor y su presencia estaba allí de inmediato. Ahora, quisiera gritar en la quietud: "Dios, ¿dónde estás?".

Al igual que Job quien probó todos los caminos, usted lo busca, pero no puede percibirlo a Él ni sus obras en su vida. ¡Bienvenido al desierto! Mientras sus pies sienten la arena del desierto, sepa que no se encuentra solo en este viaje. Camina en buena compañía.

Está caminando por donde Moisés caminó, aquel que fue criado en el palacio de faraón como un príncipe. Moisés, un hombre con una visión por parte de

Dios para librar a los israelitas de la opresión y de la esclavitud. Llevó años para que su visión se cumpliera. Mientras tanto, por cuarenta años, Moisés pastoreaba ovejas al otro extremo del desierto.

Usted también camina junto a José, el hijo preferido de su padre. José, a quien se le dio sueños de liderazgo y realización; José, cuyos propios hermanos lo arrojaron en una cisterna y después lo vendieron como esclavo, lo cual lo condujo a la cárcel.

Está sentado al lado de Job, el hombre a quien la Biblia describe como "aquel varón más grande que todos los orientales" (Job 1:3, RVR60). Aquel que Dios dijo que no había nadie más como él; Job, quien perdió todo: sus posesiones, sus hijos, su salud, además del apoyo de su esposa.

Más importante aún, su viaje a través del desierto es en compañía de Jesús, el Hijo de Dios, quien, después de recibir el testimonio público de Dios el Padre y del Espíritu Santo de que Él era verdaderamente el Hijo de Dios, fue guiado al desierto para enfrentar las fuerzas de las tinieblas.

La procesión de los viajeros del desierto es larga porque el silencio es un tiempo necesario, un tiempo en la vida de cada hijo de Dios. Anhelamos evitar entrar en este camino. Buscamos atajos o desvíos, pero no los hay. No se puede alcanzar el camino a su presencia sin antes pasar por el desierto.

Como cristianos, si comprendemos los tiempos del Espíritu, conoceremos aquello que Dios quiere lograr y podremos responder con sabiduría. Por el contrario, si pasamos por los tiempos de preparación de Dios sin entenderlos, no sabremos lo que quiere lograr y podremos actuar neciamente.

Considere la sabiduría del agricultor. Es imposible para él cosechar en temporada de siembra. Si el agricultor no planta durante la época de siembra, entonces no recogerá su cosecha en el tiempo de la recolección. Es crucial sembrar en el tiempo correcto. Si el agricultor siembra muy temprano o demasiado tarde, el rendimiento de los cultivos disminuirá durante la cosecha. Las semillas no se encontrarán en la posición correcta para recibir lo que necesitan para crecer.

A fin de que podamos beneficiarnos del cuidado y de la provisión de Dios, debemos reconocer nuestro tiempo de preparación.

Clamamos por la cosecha y la bendición de Dios; sin embargo, quizá no sea el tiempo correcto. En cambio, tal vez sea una época de poda.

Al igual que tratar de cosechar en el tiempo equivocado, Dios quiere que comprendamos el camino en nuestra intimidad con Él a través de los tiempos de sequía. El propósito de Dios en el desierto es formarnos, prepararnos para una intimidad aún más profunda. Mientras entendamos el silencio de Dios, podemos continuar en el camino con el gozo y la fortaleza de Dios.

QUITAR LOS OBSTÁCULOS

Nuestro camino por el desierto es un viaje hacia un entendimiento más profundo de Dios. Busquemos un lugar más íntimo en Dios al invertir un mayor tiempo en la lectura de su Palabra.

ORACIÓN

Dios Padre, ¿por qué pareces tan callado? Oro y leo mi Biblia, y aún me siento tan distante de ti. Guárdame en el camino a tu presencia, incluso cuando estás callado. Anhelo caminar en una intimidad más profunda contigo.

En el nombre poderoso de Jesús, remueve cualquier obstáculo en mi vida que me impida profundizar mi relación contigo. Anhelo testificar sobre ti como también Job anheló proclamar tu nombre, pero tú conoces a dónde conduce mi camino. Y cuando me hayas probado como al oro en el fuego, me declararás inocente (Job 23:10).

Al emprender este viaje de cuarenta días por el camino a tu presencia, dame el entendimiento y una nueva revelación sobre tu naturaleza. Mientras camino por esta experiencia en el desierto, abre mi corazón para poder aprender de la misma y acerca de ti. En el nombre de Jesús, amén.

GUÍA PARA EL CAMINAR DIARIO

Salmo 63; Salmo 84

Día dos

¿POR QUÉ BUSCAR A JESÚS?

*Al día siguiente cuando la multitud vio que ni Jesús ni sus
discípulos estaban allí, subieron a las barcas y cruzaron
el lago hasta Capernaúm para ir en busca de Jesús. Lo
encontraron al otro lado del lago y le preguntaron: "Rabí,
¿cuándo llegaste acá? Jesús les contestó: "Les digo la
verdad, ustedes quieren estar conmigo porque les di de
comer, no porque hayan entendido las señales milagrosas.*

—JUAN 6:22–26

ULTITUDES DE PERSONAS llegaban
buscando a Jesús. Cuando finalmente lo
hallaban, Él los miraba y percibía la razón
de su búsqueda. No le buscaban porque habían visto a
Jesús hacer señales milagrosas, sino porque habían co-
mido y estaban satisfechos. El propósito de las señales
es dar dirección o información. Las señales milagrosas
que Jesús hacía pudieron haberles mostrado la realidad maravillosa de que Él era su Mesías. No obstante,
Jesús sabía que las multitudes no le buscaban a causa
de las señales y milagros; estas personas solo querían
llenar sus estómagos deseosos. Querían más aquello
que Él podía proveerles que el deseo por conocerle.

Muchas veces buscamos a Jesús por las razones incorrectas. De manera egoísta, vamos en búsqueda solo de sus favores y bendiciones, en lugar de seguirle por amor y anhelo. Sin ser conscientes de ello, a veces usamos a Jesús y lo rebajamos a un recurso en tiempos de necesidad.

Quizá conozca a alguien que lo contacte solo cuando precisa o quiere algo de usted. O aun peor, ¿alguna vez conoció a una persona que buscara su amistad, solo para después descubrir que sus intenciones eran conseguir algo que usted tenía? Quizá esta persona quería su influencia, su dinero, sus bienes materiales o su posición. La realidad es que dicha persona carecía de un interés o de un amor genuino hacia usted y, sin embargo, durante un tiempo usted sirvió a su propósito. Si se ha encontrado con tales "amigos", sabe cómo se siente ser usado.

Esta actitud egoísta ha impregnado nuestra sociedad, incluso la Iglesia. A veces, las parejas se casan por razones egoístas. No se dan cuenta de que el matrimonio es un pacto de amor, no un contrato. Se casan por interés, y si su cónyuge no cumple con sus expectativas, buscan a otra pareja.

Muchos cristianos están cada vez más descontentos, y su amor se ha enfriado. Sirven al Señor por lo que Él puede hacer por ellos, no por amor a quién

11

es Él. Mientras que Dios provea sus necesidades, se encuentran felices y contentos con Él. Pero cuando entran en un tiempo de sequía, se revelan las verdaderas intenciones de sus corazones. Cada vez que la atención está puesta en uno mismo, comenzarán las quejas.

Piense en los hijos de Israel en el Antiguo Testamento. Escaparon después de las plagas de Egipto. Faraón y su poderoso ejército fueron tras ellos para regresarlos a la esclavitud. El Señor dividió el mar Rojo, y el pueblo cruzó en tierra seca. En el proceso, el Señor libró a su pueblo de las manos del faraón.

La Escritura dice: "Entonces la profetisa Miriam, hermana de Aarón, tomó una pandereta, se puso al frente, y todas las mujeres la siguieron, danzando y tocando sus panderetas. Y Miriam entonaba este cántico: 'Canten al Señor, porque ha triunfado gloriosamente; arrojó al mar al caballo y al jinete'" (Éxodo 15:20–21). Estas personas celebraban porque los abrumó la bondad y la grandeza de Dios. No obstante, solo tres días después, en el desierto de Shur, encontraron aguas amargas y comenzaron a quejarse contra Moisés y su liderazgo. Moisés respondió: "Así es, las quejas de ustedes son contra el Señor, no contra nosotros" (Éxodo 16:8). Sus circunstancias solo revelaban su amor por ellos mismos, el cual los alejó del conocimiento íntimo de Dios.

En medio de nuestra experiencia en el desierto, nuestros corazones deberían apartarse del egoísmo y volverse hacia el Señor.

QUITAR LOS OBSTÁCULOS

¿Cuál es su motivación para buscar a Jesús? ¿Es simplemente por interés propio o porque anhela su intimidad? Si sus intenciones son básicamente egoístas, entonces arrepiéntase y vuelva su amor hacia los deseos del corazón de Dios.

ORACIÓN

Señor, te necesito a cada hora del día. Llena mi vida con tu amor, comunión y presencia. Quiero buscarte como un niño quien te ama y te adora. Admito que a veces mi motivación por buscarte ha implicado pedirte de manera egoísta una provisión tras otra. Limpia mi corazón del egoísmo. Señor, tú conoces mi corazón y mis necesidades. Entrego esas necesidades y deseos en tus manos poderosas.

Hoy cambiaré mi actitud y te buscaré como un niño amoroso. Entona mi corazón para cantar tus alabanzas. Lléname con tu amor para que pueda ser un testimonio vivo de tu amor. Úsame hoy para amar a otros y amarte a ti. En el nombre de Jesús, amén.

GUÍA PARA EL CAMINAR DIARIO

Juan 5:36; Juan 6

Día tres

VUELVA A LA VERDAD

*Jesús le dijo a la gente que creyó en él: "Ustedes
son verdaderamente mis discípulos si se
mantienen fieles a mis enseñanzas; y conocerán
la verdad, y la verdad los hará libres.*

—JUAN 8:31–32

UN PASO EN nuestro camino hacia la intimidad
con Dios constituye una relación verdadera y
honesta. Cuando conoce la verdad, usted está
íntimamente familiarizado con la misma. Conocer
algo es más que el simple reconocimiento de su exis-
tencia. Implica una relación. La *Concordancia Strong
Exhaustiva* define el término *conocer*, de acuerdo con
esta escritura, como "absolutamente; en una gran va-
riedad de aplicaciones y con muchas implicaciones; un
apego a la verdad no solo a nivel mental, cambiando
así nuestras percepciones a simplemente un único
nivel, pero uno que penetra hasta llegar a cada área de
nuestro ser". Esto es lo que sucede cuando la verdad se
vuelve una parte de nosotros.

Necesitamos conocer la verdad con una intimidad
mayor de lo que hemos conocido la mentira. Durante
un tiempo, vivimos sometidos al poder de las mentiras,

y estas nos cautivaron. Si vivimos en la verdad, la verdad nos librará. Conocer la verdad significa vivir en la verdad. Es la verdad en la cual vivimos la que nos hace libres.

Entonces, la verdad penetra en lo profundo y llega más allá de las mentiras, disipando con su luz toda oscuridad escondida en las áreas remotas de nuestra alma. Sin embargo, solo el conocimiento de la verdad no será suficiente. Necesitamos una relación con la misma. La pregunta cambia de "¿Qué es la verdad?" a "¿Quién es la verdad?".

Yo (Lisa) estoy casada, y a pesar de que otros pueden saber acerca de mi esposo o conocerlo personalmente en cierta medida, nunca podrán conocerlo de la misma manera o dimensión como yo. Podrán conocer a John Bevere como amigo, ministro, autor, empleador o padre; pero solo yo lo conozco en la intimidad y privacidad de esposo. Esa es nuestra relación. Aunque otros puedan conocerlo por lo que hace, yo conozco a John Bevere por quién es él. Somos uno.

En nuestro camino a la intimidad con Dios Padre, debemos volvernos uno con la verdad, porque hemos sido uno con la mentira. ¿Quién es la verdad? Jesús respondió: "Yo soy el camino, la verdad y la vida; nadie puede ir al Padre si no es por medio de mí" (Juan 14:6).

Jesús es el camino que buscamos. Él es la verdad que nos hace libres. Él es la vida que anhelamos. Quizá ahora mismo se encuentre cuestionando lo que digo: "Conozco a Jesús, pero no me siento libre. ¡Me siento cautivo!". Él permite la cautividad con el propósito de extendernos una invitación para acercarnos a Él en un nivel más profundo. Él lo está llevando más profundo, lo está atrayendo más cerca de Él. Él quiere ser su compañero y Señor mientras transita por la cautividad hacia la libertad. No desea que usted vuelva a intentarlo en sus propias fuerzas. Ya trató y fracasó.

A veces es más fácil abrazar las mentiras que la verdad. Una mentira fácilmente se sigue con otra mentira, y luego otra. Pero cuando se descubre la verdad, la mentira se detiene. La verdad constituye el único medio para detener el progreso de las mentiras. Cuando constantemente somos bombardeados con mentiras, comenzamos a creer en ellas. Del mismo modo, cuando mentimos a otros y nos mentimos a nosotros mismos durante mucho tiempo, empezamos a creer esas mentiras y dudamos de la verdad.

Dios ofrece la verdad a todo aquel que esté dispuesto a volverse a Él y a buscar la verdad. La verdad le costó la vida al Hijo de Dios, Jesús. Él llama libremente a todos los que tienen oídos para oír. Él quiere la gloria de este alejamiento y que regrese a la intimidad. Todo lo que requiere de usted es un nivel más profundo de entrega a la verdad, un rendimiento de su voluntad a la de Él.

Haga una pausa en su viaje por el desierto y ore la siguiente oración, a fin de que pueda abrir su corazón a la verdad de Dios.

QUITAR LOS OBSTÁCULOS

Examine atentamente su relación con su Padre celestial. ¿Está basada en la mentira o en la verdad? Comprométase hoy a permitir que su mente y su corazón sean impregnados con la Palabra verdadera de Dios.

ORACIÓN

Jesús, te he conocido como Salvador, Maestro y Señor. Te pido que te reveles a mi vida como la verdad. Permite que esta luz penetre en la oscuridad de la mentira. Tú eres la Palabra hecha carne. Al entregarme a tu Palabra, deja que se haga carne para mí. Te acepto a ti y a tus palabras como la autoridad máxima y final en mi vida. Quita el velo de mis ojos para que pueda

verte, y al hacerlo, contemplaré la verdad.
En tu nombre, amén.

GUÍA PARA EL CAMINAR DIARIO

Juan 8

UNA TAREA IMPOSIBLE EN NUESTRAS FUERZAS

Los que aceptan mis mandamientos y los obedecen
son los que me aman. Y, porque me aman a
mí, mi Padre los amará a ellos. Y yo los amaré
y me daré a conocer a cada uno de ellos.

—JUAN 14:21

JESÚS ANHELA TENER una relación íntima de amor con cada uno de sus hijos. Sin esta relación vivificante, no podemos guardar los mandamientos. A pesar de nuestras mejores intenciones para obedecer las leyes de Dios, resulta una tarea imposible en nuestras propias fuerzas. Luchamos con la carga pesada de votos y promesas sin cumplir, hasta que estemos tan cargados que apenas podamos elevar nuestras voces en oración. Nos sentimos estancados, incapaces de obedecer, así que acudimos a nuestros pastores, nuestros compañeros o amigos por ayuda. Esperamos que ellos puedan buscar a Dios por nosotros y decirnos qué es lo que Dios les habla.

Yo (John) solía leer Juan 14:21 y creer que el Señor me decía: "John, si guardas mis mandamientos, demostrarás que me amas". Convertí este versículo en una ley adicional en mi vida. Entonces, cierto día el Señor me dijo que volviera a leer esta escritura. Después de leerla, Él me dijo: "Sigues sin entender lo que dije. Léela de nuevo". Esto continuó hasta que había leído la escritura diez veces.

Finalmente, le respondí: "Señor, perdona mi ignorancia. ¡Muéstrame qué estás diciendo!".

Me dijo: "John, no quise decir que si guardas mis mandamientos, demostrarás que me amas. ¡Yo ya sé si me amas o no! Estaba diciendo que si un hombre se enamorara perdidamente de mí, ¡entonces podrá guardar mis mandamientos!".

Dios enfatiza la relación, no la ley. No se lo puede conocer por medio de reglas o normas. ¡El Santo Todopoderoso no puede ser reducido a una fórmula! Sin embargo, muchas personas tienen esta percepción del Señor. Han sustituido una relación con Dios por siete pasos para recibir sanidad, un plan de salvación de cuatro puntos, cinco escrituras sobre prosperidad, y así sucesivamente. Su concepto de Dios está envuelto en sus cajas de promesas, promesas que escogen y que reclaman como necesarias. Estas mismas personas se preguntan por qué luchan para guardar sus mandamientos.

¿Alguna vez ha estado enamorado? Cuando me comprometí con mi esposa, Lisa, estaba loco de amor por ella. Pensaba en ella todo el tiempo. Hacía todo lo necesario para pasar la mayor cantidad de tiempo que fuera posible a su lado. Si necesitaba algo, no importaba lo que estaba haciendo, corría a mi coche y se lo conseguía. No era un esfuerzo hablarles a otras personas sobre ella. La elogiaba frente a todo el que escuchara. A causa de mi amor intenso por Lisa, era un gozo para mí hacer todo con ella. No hacía estas cosas para demostrarle mi amor; las hacía porque la amaba.

En apenas unos pocos años de matrimonio, volví mi atención a otras cosas, tales como mi trabajo en el ministerio. Pronto se tornó cada vez más molesto hacer cosas por ella. Desde luego, Lisa ya no solía ser el centro de mis pensamientos. Mis obsequios para ella en Navidad, en nuestros aniversarios y en sus cumpleaños se convirtieron en una obligación, y aun estas veces parecía molestarme.

Nuestro matrimonio estaba en crisis, ¡nuestro primer amor estaba muriendo!

Dios tornó mi corazón para que pudiera ver mis acciones egoístas hacia Lisa. Agraciadamente, Él volvió a encender las llamas de nuestro amor y sanó nuestro matrimonio.

Lo mismo puede suceder en nuestra relación de amor con Dios. La misma no se trata de un conjunto de reglas o normas. Es una relación del corazón. ¿Ha comenzado a desvanecerse su primer amor con Jesús? Pídale a Dios que vuelva a encender la llama de su relación de amor.

QUITAR LOS OBSTÁCULOS

¿Está su relación con Dios basada en un conjunto de normas o se trata de una relación del corazón? Pídale a Dios que avive su relación de amor con el Salvador. Mientras pasa tiempo en oración y en la Escritura, pídale que remplace las normas por una intimidad renovada.

ORACIÓN

Jesús, he caído en la trampa de tratar de amarte al obedecer un conjunto de reglas y de normas. En cambio, quiero volver a encender mi relación de amor contigo, para no tener una lista en mi mente de qué hacer y qué no hacer. Quita esas "normas" sobre ti y ayúdame a conocerte. Tú dijiste: "Pónganse mi yugo. Déjenme enseñarles, porque yo soy humilde y tierno de corazón, y encontrarán descanso para el alma. Pues mi yugo es fácil de llevar y la carga que les doy es liviana" (Mt. 11:29–30). *Gracias porque puedes enseñarnos a descansar en ti. Te alabo porque tu carga es liviana y fácil de llevar.*

Te amo, Señor. Ayúdame a profundizar mi relación contigo y muéstrame el camino a tu presencia. Amén.

GUÍA PARA EL CAMINAR DIARIO

Juan 14

Día cinco

EL CAMINO QUE
POCOS RECORREN

*Mis pensamientos no se parecen en nada a sus
pensamientos "dice el Señor". Y mis caminos están muy
por encima de lo que pudieran imaginarse.
Pues así como los cielos están más altos que la tierra,
así mis caminos están más altos que sus caminos y
mis pensamientos, más altos que sus pensamientos.*

—Isaías 55:8–9

Pocas personas han transitado este camino,
pero ahora Dios está preparando a muchos
para comenzar este viaje. El camino a su presencia nos conducirá a través del desierto, por la carretera del Señor llamada Santidad.

Según una de las definiciones, la *santidad* significa "estado de pureza". Jesús dijo: "Dios bendice a los
que tienen corazón puro, porque ellos verán a Dios"
(Mt. 5:8).

Un día inesperado, Jesús vendrá por una Iglesia
sin mancha ni arruga ni ningún otro defecto (Efesios
5:27). Muchos de nosotros hemos tratado de obtener
la santidad al obedecer las reglas y normas, y hemos

fracasado miserablemente. Al igual que los judíos quienes trataron (y fracasaron) de guardar la ley a fin de recibir la salvación, no podemos caminar en santidad mediante una serie de reglas y estatutos. Muchas personas han establecido estas restricciones autoimpuestas con resoluciones legalistas sobre cosas tangibles (por ejemplo, no maquillarse, adherirse a un código de vestimenta estricto, no mirar televisión). Todos estos límites externos se establecieron en un intento por obtener una pureza interna.

Dios no está buscando una forma exterior de santidad vacía de una transformación interior. Él desea un cambio interno de su corazón, porque un corazón puro producirá un comportamiento puro. Jesús dijo: "Primero lava el interior de la taza y del plato, y entonces el exterior también quedará limpio" (Mt. 23:26).

Si su corazón es puro, entonces no querrá vestirse de manera seductora. No obstante, aun con un vestido hasta los tobillos, una mujer todavía puede tener una actitud provocativa. Un hombre puede jactarse de que nunca se divorció; sin embargo, ¿es un hombre santo cuando tiene pensamientos lujuriosos en su corazón por otra mujer? No.

Si su corazón es puro, un televisor en su hogar no le provocará mirar o desear cualquier programa impuro. Algunas personas tratan de insinuar que si los cristianos tienen televisores en sus hogares, entonces son mundanos. Los aparatos electrónicos en su hogar no constituyen un criterio de mundanidad, esta cuestión la determina su corazón. Puede no tener ningún televisor en su hogar y codiciarlo en su corazón. Si su corazón es puro, entonces deseará solo lo que Dios desea.

En el desierto, o durante estos períodos de sequía en nuestra relación con el Señor, Dios purifica nuestros propósitos e intenciones. Mientras transita por el camino de la santidad hacia una relación íntima con Dios, vuelva a recordar las palabras de Isaías 35:8: "Un gran camino atravesará esa tierra, antes vacía; se le dará el nombre de Carretera de la Santidad. Los de mente malvada nunca viajarán por ella. Será solamente para quienes anden por los caminos de Dios; los necios nunca andarán por ella". Note que los de mente malvada nunca viajarán por esta carretera. Aquellos que se inclinan a la maldad no tienen ningún interés en la pureza ni en seguir los caminos de Dios. Como seguidores de Jesús queremos caminar en la Carretera de la Santidad. Al seguir los caminos de Dios encontramos la senda hacia la intimidad.

QUITAR LOS OBSTÁCULOS

La santidad no constituye un conjunto de normas de conducta, sino una actitud del corazón. Al acercarse ante un Dios santo, ¿qué cambios hará para purificar su corazón? Examine profundamente sus propios deseos, intenciones y comportamientos y tome el compromiso de hacer un cambio de actitud en su corazón, aunque sea pequeño, a fin de profundizar su relación con Jesús.

ORACIÓN

Señor, los resultados intangibles de mi fe son tan complicados. A menudo, resulta más fácil establecer reglas y normas acerca de mi comportamiento exterior. Dame ojos y visión espiritual para quitar de mi vida esta lista de qué hacer y qué no hacer. Haz tu obra en mi corazón. Quita mi corazón de piedra y dame un corazón de carne.

Padre, anhelo ser puro delante de ti y viajar en la Carretera de la Santidad. Enséñame tus caminos y ayúdame a caminar en tus sendas. Moldéame, fórmame y guía mis pensamientos para que constantemente vuelvan a ti. Gracias porque tus caminos son más altos que mis caminos y tus pensamientos más altos que mis pensamientos. Dame tu inteligencia y ayúdame en mi caminar, hoy y en los años por venir. Te amo, Jesús. Por medio de la fe, creo que harás mucho más de lo que pudiera pedir o incluso imaginar. Amén.

GUÍA PARA EL CAMINAR DIARIO

Levítico 10:1–3, 19:2; 2 Corintios 6:14, 7:1; 1 Tesalonicenses 4:1–8; 1 Pedro 1:13–19

Sección 2

¿A QUIÉN OBEDECER?

LA PALABRA *OBEDIENCIA* se suele susurrar con desdén, mientras que nuestras actitudes rebeldes cuestionan: "¿A quién obedecer?".

Nuestra cultura se enorgullece del pensamiento independiente. Decir que uno es obediente suena como si fuera un cristiano ingenuo, alguien que sigue al Señor a ciegas, sin previsión o entendimiento. Sin embargo, nada está más lejos de la verdad. No es el débil quien camina en obediencia, sino el fuerte. El camino a la presencia de Dios implica escuchar la voz de Dios, para entonces obedecer su verdad revelada.

Abraham es conocido como el padre de todos los que creen (Ro. 4:16). Dios dice a través de Isaías: "Mirad a Abraham vuestro padre, y a Sara que os dio a luz; porque cuando no era más que uno solo lo llamé, y lo bendije y lo multipliqué" (Is. 51:2, RVR60). Dios no llamó a un grupo de personas; Él llamó solamente a Abraham. Abraham tuvo la valentía de obedecer y seguir la voz de Dios. Se necesita valor y un corazón dispuesto para dejar la comodidad, la seguridad y lo conocido y permitir que el Espíritu de Dios nos guíe. Abraham dejó atrás su parentela, amigos y la herencia del hombre para responder el llamado de Dios. A fin de conocerle, dejó todo y siguió a Dios a una tierra desconocida, la cual Él había escogido.

Dios bendijo la obediencia de Abraham y multiplicó sus posesiones y su familia en el proceso. Sin embargo, cuando Abraham dejó su entorno confortable y llegó a la tierra a la cual el Señor lo había guiado, se encontró con una gran hambruna. Ahora, deténgase y piense al respecto. Dios promete bendecir a Abram (su nombre original), hacer de él una gran nación y engrandecer su nombre. En obediencia, Abram deja todo y sigue al Señor a una tierra ¿de hambruna?

La mayoría de nosotros, dadas las circunstancias de Abram, hubiésemos creído que no habíamos escuchado a Dios y regresado a nuestra tierra. Sin embargo, Abram no permitió que estas circunstancias afectaran su fe en Dios. Él sabía que Dios era capaz de proveer durante el tiempo de hambruna. En los caminos de Dios, debemos obedecer su Palabra y, por fe, avanzar firmemente en nuestro viaje. Por medio de esta obediencia, Dios se revela a nosotros de una manera nueva.

Considere a algunas personas claves de la Biblia y cómo actuaron en fe y en obediencia:

- El profeta Samuel testificó que David sería rey; sin embargo, David pasó años en las cuevas del desierto antes de tomar su trono.

- José soñó con un gran futuro; pero pasó doce años de dificultades, primero en una cisterna, después en esclavitud y finalmente en un calabozo antes de que el sueño se cumpliera.

- Juan el Bautista fue llamado a ser el gran profeta. Su padre le contó acerca de la visión de su llamado. El recuerdo de esa visión lo llevó mientras deambulaba por los desiertos de Judea durante varios años.

En el camino a su presencia, Dios se revela a nosotros de una manera fresca y nueva. En un cántico de alabanza profético, Isaías declaró: "Sin embargo, para los que son justos, el camino no es empinado ni accidentado. Tú eres Dios. Haces lo que es justo y allanas el camino delante de ellos. Señor, mostramos nuestra confianza en ti al obedecer tus leyes; el deseo de nuestro corazón es glorificar tu nombre. Te busco por la noche; en la mañana te busco de todo corazón. Pues solo cuando tú vengas a juzgar la tierra, la gente aprenderá lo correcto" (Is. 26:7–9).

Continuamos en nuestro camino a su presencia, anhelando conocer mejor a Dios y hacer lo correcto.

Dios quería revelarse a sí mismo a los hijos de Israel, tal como se le había revelado a Moisés. Pero los hijos de Israel retrocedieron de tal experiencia, diciéndole a Moisés: "Ve tú y escucha lo que dice el Señor nuestro Dios. Luego ven a contarnos todo lo que él te diga, y nosotros escucharemos y obedeceremos". (Vea Deuteronomio 5:27.) Nunca lo conocieron; solo conocían acerca de Él. Por lo tanto, nunca pudieron guardar sus mandamientos y no entraron en la Tierra Prometida. Dios quiere que nos acerquemos a su presencia por medio de la obediencia. Prepare su corazón para buscarle a Dios. Lave sus manos y purifique su corazón. Luego avance en fe. Durante los próximos cinco días, examinaremos la obediencia. Pasemos la página y continuemos nuestro viaje por el camino a su presencia.

Día seis

OIGA Y OBEDEZCA A DIOS

Y el Señor le dijo a Moisés: "Tú y Aarón tomen la
vara y reúnan a toda la comunidad. En presencia de
todo el pueblo, háblale a la roca y de ella brotará
agua. De la roca proveerás suficiente agua para
satisfacer a toda la comunidad y a sus animales".
Enseguida Moisés levantó su mano y golpeó la roca
dos veces con la vara y el agua brotó a chorros.

—NÚMEROS 20:7–8, 11

SORPRENDENTEMENTE, EL SEÑOR proveyó el agua a pesar de que Moisés desobedeció las instrucciones de Dios sobre cómo hacer surgir la misma. El agua era para el pueblo en respuesta a sus necesidades. Dios no retuvo el milagro para castigar a Moisés.

Cuando Moisés desobedeció y golpeó la roca en lugar de hablarle, sus acciones desplazaron el foco de atención en Dios a él mismo. Frustrado con el pueblo de Israel, frustrado con Dios porque el agua no brotó de inmediato, Moisés golpeó la roca como lo había hecho previamente en el desierto de Sin (Vea Éxodo 17:1–7). Tal vez Moisés se había vuelto muy cómodo con su liderazgo, y quizá ahora sentía que Dios honraría todo lo que considerara conveniente. Debido a que Moisés no honró a Dios delante de los israelitas, Dios le impidió guiar al pueblo hasta la Tierra Prometida.

Una vez más, Moisés había hecho algo a su manera (cuando tenía cuarenta años, trató de librar al pueblo a su modo), pero esta vez las consecuencias fueron considerablemente mayores. Moisés había caminado en el poder y en la autoridad de Dios, y toda su fuerza provenía de su dependencia a Él. A causa de que Moisés actuó sin depender de Dios delante del pueblo, su conducta trajo juicio y castigo. Dios dijo que como consecuencia de su acción, Moisés no guiaría a los hijos de Israel a la Tierra Prometida.

Al igual que el pueblo de Israel, nos encontramos en un viaje por el camino a la presencia de Dios. Nuestro viaje nos prepara para caminar en el poder y en la gloria del Señor, sin el pecado y el juicio resultante de la desobediencia. En este camino nuestro orgullo es humillado y nuestra humildad exaltada. El hombre verdaderamente humilde camina como Jesús caminó, clamando: "No haré nada hasta que vea al Espíritu del Señor actuar. En mis propias fuerzas y habilidad no soy nada".

El profeta Habacuc escribió: "Subiré a mi torre de vigilancia y montaré guardia. Allí esperaré hasta ver qué dice el Señor y cómo responderá a mi queja. Entonces el Señor me dijo: "Escribe mi respuesta con claridad en tablas, para que un corredor pueda llevar a otros el mensaje sin error. Esta visión es para un tiempo futuro. Describe el fin, y este se cumplirá. Aunque parezca que se demora en llegar, espera con paciencia, porque sin lugar a dudas sucederá. No se tardará'" (Habacuc 2:1–3).

Habacuc declaró que escribiría aquello que vería y que correría con lo que viera en el tiempo oportuno. Continuó diciendo: "¡Mira a los orgullosos! Confían en sí mismos y sus vidas están torcidas. Pero el justo vivirá por su fidelidad a Dios" (v. 4). El profeta comprendió que un alma orgullosa está torcida. Así es una persona quien no espera en la Palabra de Dios, pero corre en sus propias fuerzas.

Tantas veces queremos apresurarnos en lugar de esperar en Dios. Recibir una respuesta puede requerir paciencia y una obediencia constante a la voz de Dios. Al entonar nuestros corazones en obediencia a la voz de Dios, Él nos mostrará cómo quiere que vivamos. Todo lo que logremos fuera de su guía y habilidad constituye un ejercicio fútil.

QUITAR LOS OBSTÁCULOS

Tome un momento para considerar sus propias acciones. ¿Qué poder está usando, el suyo o el de Dios? ¿Qué pasos prácticos puede dar para ser más dependiente de Dios?

ORACIÓN

Padre celestial, quiero vivir cada día en el poder y en la fuerza de tu Espíritu. Perdóname por las veces en que te he desobedecido y seguido adelante en mis propias fuerzas. Dame un corazón que te anhele. Al pasar tiempo en oración escuchando tu voz, habla a mi corazón y guía mis pasos.

Al igual que el rey David, anhelo ser una persona conforme a tu corazón. Tú llamaste a Abraham un amigo de Dios. Enséñame a vivir en obediencia a ti, y profundiza mi relación contigo. En el nombre de Jesús, amén.

GUÍA PARA EL CAMINAR DIARIO

Éxodo 17:1–7; Números 20:1–13; Santiago 1:22–24

DISPUESTOS A OBEDECER LA PALABRA DE DIOS

Con mis manos hice tanto el cielo como la tierra; son míos, con todo lo que hay en ellos. ¡Yo, el Señor, he hablado! Bendeciré a los que tienen un corazón humilde y arrepentido, a los que tiemblan ante mi palabra. Pero a los que escojan sus propios caminos y se deleiten en sus pecados detestables, no les aceptaré sus ofrendas.

—Isaías 66:2–3

¿CUÁNTO TEME A Dios y cómo responde ante su autoridad? La Biblia dice que aquel que teme a Dios tiembla ante su palabra y en su presencia. (Is. 66:2; Jer. 5:22). Se puede resumir este concepto en una declaración: temer a Dios significa estar dispuestos a obedecerle, incluso cuando parezca más provechoso transigir o no obedecer su Palabra.

Nuestros corazones deben estar firmemente establecidos en el hecho de que Dios es bueno. El hombre que teme a Dios sabe esto porque conoce el carácter de Dios. Por ello puede acercarse a Dios incluso cuando otros podrían retroceder atemorizados.

Las adversidades que Israel enfrentó expusieron lo que había dentro de sus corazones. Los hijos de Israel obedecían la Palabra de Dios siempre y cuando experimentaran un provecho inmediato para sí mismos. Pero tan pronto sufrían o ya no podían ver las bendiciones, perdían de vista a Dios y comenzaban a quejarse con amargura.

Durante siglos Israel había orado y clamado para ser libre de los opresores egipcios. Dios los oyó y envió a su libertador, Moisés. El Señor le dijo a Moisés: "Así que he descendido para librarlos del poder de los egipcios y sacarlos de ese país, para llevarlos a una tierra buena y espaciosa, tierra donde abundan la leche y la miel" (Ex. 3:8, NVI).

Moisés proclamó las palabras de Dios ante el faraón, diciendo: "Deja ir a mi pueblo". Sin embargo, la respuesta del faraón fue aumentar sus sufrimientos. Ya no se les proveería paja para la producción de su ya abrumante cuota de ladrillos. Los israelitas tendrían que espigar por la noche y trabajar durante el día. No disminuyó la cantidad total de ladrillos que se les demandaba aunque ya no se les daba la paja. La palabra de liberación de Dios solo había aumentado sus sufrimientos. Se quejaron por el peso de esta opresión y le dijeron a Moisés: "Déjanos en paz y no hables más con faraón. Estás provocando que tengamos una vida peor".

Cuando Dios finalmente los libró de Egipto, el corazón de faraón se volvió a endurecer, y siguió a los israelitas con toda la caballería y carros y todo su ejército. Cuando los hebreos se encontraron con los egipcios persiguiéndolos y a sus espaldas el mar Rojo, se volvieron a quejar. "¿No te dijimos que esto pasaría cuando aún estábamos en Egipto? Te dijimos: '¡Déjanos en paz! Déjanos seguir siendo esclavos de los egipcios. ¡Es mejor ser un esclavo en Egipto que un cadáver en el desierto!'" (Éx. 14:12).

En esencia, estaban diciendo: "¿Por qué deberíamos obedecer a Dios cuando solo hace que nuestras vidas sean más miserables? Estamos peor, no mejor". Se apresuraron a comparar su antiguo estilo de vida con su condición actual. Deseaban la comodidad por encima de la obediencia a la voluntad de Dios. ¡Valla, cuánto carecían del temor de Dios! No temblaban ante su palabra.

Dios dividió el mar, y los hijos de Israel cruzaron en tierra seca y vieron a sus opresores quedar enterrados. Celebraron la bondad de Dios, danzaron y alabaron delante de Él. Estaban seguros de que no volverían a dudar de su bondad. Pero no conocían sus propios corazones. Otra prueba acontecería la cual una vez más expondría su infidelidad. Apenas tres días después volverían a quejarse contra Dios porque no querían aguas amargas, sino dulces. (Vea Éxodo 15:22–25.)

¿Cuán a menudo hacemos lo mismo? Queremos palabras suaves y gratas cuando las amargas son las que necesitamos para ser limpios de las impurezas. Necesitamos permanecer firmes en nuestra obediencia a Dios y a su Palabra, incluso cuando no parece ser el camino natural o agradable.

QUITAR LOS OBSTÁCULOS

¿Alguna vez se ha quejado, diciendo: "Sería mejor para mí si"? Piense detenidamente en cada circunstancia desagradable de su vida. Con un espíritu contrito y humillado, agradézcale a Dios por cada una de ellas. Permanezca firme en su obediencia a Dios, ya que conduce a la leche y miel de las bendiciones de Dios.

ORACIÓN

Señor, elijo ser alguien que tiemble ante tu Palabra y quien te obedezca de continuo. Al considerar mis acciones, me doy cuenta de que he anhelado regresar a los días cuando la vida era menos complicada. Me he comportado como los hijos de Israel al pensar en Egipto y desear regresar a un falso recuerdo.

Gracias por mi pasado. Usa esas lecciones de vida para acercarme más a ti hoy y en los días venideros. Enséñame a seguirte y de ese modo desarrollar mi intimidad contigo. Si caigo, levántame y llévame por el camino de la intimidad y de la obediencia. En el nombre poderoso de Jesús, amén.

GUÍA PARA EL CAMINAR DIARIO

Números 13–14

Día ocho

NO SOLO OIGA, OBEDEZCA

Pero sed hacedores de la palabra, y no tan solamente
oidores, engañándoos a vosotros mismos. Porque si
alguno es oidor de la palabra pero no hacedor de
ella, éste es semejante al hombre que considera en
un espejo su rostro natural. Porque él se considera
a sí mismo, y se va, y luego olvida cómo era.

—SANTIAGO 1:22–24, RVR60

CUANDO OÍMOS LA Palabra de Dios y no la ponemos en práctica, ¡engañamos nuestro propio corazón! Una persona engañada realmente cree que está obedeciendo a Dios, cuando en realidad está actuando en desobediencia. El engaño cubre con un velo el corazón y obstruye la verdad. Cuanto más una persona desobedece, más grueso y más obstructor se vuelve el velo, haciendo que sea más difícil de quitar.

A los ojos de Dios, la obediencia parcial o selectiva es lo mismo que la rebeldía a su autoridad. ¡Es la prueba de la falta de temor de Dios!

Una vez (John) me encontraba en Canadá preparándome para ministrar. Estábamos en medio de la alabanza y de la adoración cuando el Espíritu del

Señor trajo esta pregunta: "¿Sabes qué es un espíritu religioso?".

He aprendido que cada vez que Dios hace una pregunta, no es porque está buscando información. Si bien he escrito y predicado acerca de los espíritus religiosos y cómo estos operan, supe de inmediato que mi información debió haber sido limitada como mucho. Así que respondí: "No, Señor. Por favor, dime".

Rápidamente, me respondió: "¡Una persona con un espíritu religioso es aquella que usa mi Palabra para hacer su propia voluntad!". En otras palabras, es cuando tomamos lo que el Señor ha dicho y ajustamos nuestros propios deseos a su Palabra, en lugar de responder a los deseos de Dios.

Quedé asombrado de la sabiduría impartida por el Espíritu de Dios. La apliqué a la situación de Saúl en 1 Samuel 15:1–24. Pude ver que Saúl había hecho conforme le fue dicho; sin embargo, hizo que sus propios deseos se ajustaran a su desobediencia. El corazón de Dios no era el centro. Saúl había visto una oportunidad para beneficiarse a sí mismo y afianzar su posición ante el pueblo, y la aprovechó.

¿Fue eso señorío? ¿Fue temblar ante la Palabra de Dios? El temor del Señor nos impedirá transigir la verdad de Dios para lograr un beneficio personal. Entonces obedeceremos la Palabra de Dios, sin importar lo que cueste, porque queremos ver sus deseos cumplidos.

Las personas pueden leer, oír e incluso predicar la Palabra de Dios y, sin embargo, vivir como aquellos que no la conocen. Existen muy pocos cambios en sus vidas. Prácticamente, no hay una transformación. El salmista describe la condición de aquellos quienes asisten a la casa de Dios, escuchan su Palabra, pero siguen iguales. Él dice: "Esa gente no cambia de conducta, no tiene temor de Dios" (Salmo 55:19, NVI).

Tales personas profesan que han sido salvas, pero no son transformadas por el poder de Dios. Son impíos, desagradecidos, sin amor, desobedientes e implacables, y también manifiestan otras características, las cuales no los diferencian de aquellos quienes nunca han oído la Palabra de Dios. Probablemente no fumen, consuman alcohol o maldigan como los paganos del mundo, pero por dentro sus intenciones son las mismas. Estas personas son egoístas. Pablo describe su condición como que siempre están aprendiendo pero nunca logran poner en práctica el conocimiento de la verdad (2 Ti. 3:1–7). Tales personas están siendo engañadas (v. 13).

En el desierto, los hijos de Israel sufrieron esta falta de visión a causa de un corazón cubierto por un velo. El velo se llamaba engaño. Oían la Palabra de Dios y veían su gran poder; sin embargo, permanecían sin ser transformados. Su falta de temor santo hizo que sus ojos espirituales se nublaran.

Sin un verdadero arrepentimiento, este velo se engrosó hasta el punto de causar una ceguera. Los corazones de los israelitas no veían la clase de personas en la que se habían convertido. Mientras celebraban la libertad de Egipto (el mundo), perdieron de vista los propósitos de Dios y retrocedieron, incluso se acobardaron, cuando su gloriosa presencia fue revelada. Lo mismo puede suceder con nosotros si no ponemos atención a las advertencias de Dios.

QUITAR LOS OBSTÁCULOS

¿Alguna vez ha oído las enseñanzas del Señor y ajustado sus propios deseos a esas instrucciones? Pídale a Dios que quite el velo del engaño de su corazón, y tome la decisión de dejar atrás toda obediencia selectiva.

ORACIÓN

Padre, quita el velo del engaño de mis ojos. Quiero oír tu verdad y obedecerla. Me arrepiento de todo engaño en mi corazón. Anhelo obedecerte con todo mi ser. Perdóname por solo tomar de la Biblia aquello que se ajusta a mis necesidades y deseos. Gracias por el perdón de mis pecados por medio de mi relación con Cristo Jesús. Enséñame a obedecer todas tus verdades de la Biblia y solo tus deseos del corazón. En el nombre de Jesús, amén.

GUÍA PARA EL CAMINAR DIARIO

1 Samuel 15:1–33; 2 Timoteo 3:1–13

Día nueve

DILIGENTES EN
NUESTRA OBEDIENCIA

Así que debemos prestar mucha atención a las verdades
que hemos oído, no sea que nos desviemos de ellas.

—HEBREOS 2:1

EXISTE UN GRAN llamado para cada creyente: ser hechos conformes a la gloriosa imagen de Cristo Jesús. (Vea Filipenses 3:14; Romanos 8:29.) Pero si no somos diligentes en obedecer la Palabra de Dios, sin darnos cuenta nos desviaremos del rumbo que Él ha establecido para nosotros.

¿Puede imaginarse intentar conducir con los ojos vendados? Podría encender el motor, ¡pero enseguida su coche se desviaría de su destino! Es imposible ver a dónde va cuando uno tiene los ojos vendados. ¡La obediencia a Dios mantiene sus ojos descubiertos!

Somos transformados en aquello que contemplamos. Si un velo cubre nuestros ojos espirituales, entonces nuestra imagen del Señor se vuelve distorsionada. Jesús dijo: "Tu ojo es una lámpara que da luz a tu cuerpo. Cuando tu ojo es bueno, todo tu cuerpo está lleno de luz; pero cuando tu ojo es malo, todo tu cuerpo está lleno de oscuridad. Y si la luz que crees tener en realidad es oscuridad, ¡qué densa es esa oscuridad!" (Mt. 6:22–23).

Nuestros ojos son la lámpara que da dirección a nuestro cuerpo (nuestro ser). La figura de la lámpara habla no solo de la vista física, sino también de los ojos del corazón (Efesios 1:18). Todo nuestro ser sigue la percepción y la dirección del corazón. Si nuestros ojos ven la Palabra de Dios viva, entonces todo nuestro ser será lleno de la luz de la naturaleza de Dios. (Ver Hebreos 4:12–13; 1 Juan 1:5.) Cuando continuamente somos transformados en esta luz de verdad, nos mantendremos seguros y no nos desviaremos del camino.

Jesús continuó diciendo que cuando los ojos de una persona están puestos en la maldad, todo su ser está lleno de oscuridad. Esto describe el corazón oscuro de un incrédulo. Pero analice su última declaración: "Y si la luz [la cual es su percepción de Jesús] que crees tener en realidad es oscuridad, ¡qué densa es esa oscuridad!" (Mateo 6:23). Esta declaración no se refiere a alguien que no cree, sino a la persona quien conoce la Palabra de Dios. La luz está en Cristo. Jesús está diciendo que si nuestra percepción está nublada o cubierta por un velo debido a la falta de temor santo, esta oscuridad en realidad será mayor que la oscuridad que envuelve a aquellos que nunca han visto u oído la verdad. (Vea Judas 12–13; Lucas 12:47–48.)

Pedro nos alienta diciendo que Dios "nos ha dado preciosas y grandísimas promesas, para que por ellas llegaseis a ser participantes de la naturaleza divina" (2 Pedro 1:4, RVR60). Una participación en la naturaleza divina de Cristo; ¡qué promesa maravillosa!

Pedro explica que el cumplimiento de esta promesa es tanto condicional como progresivo, pues dice: "Tenemos también la palabra profética más segura, a la cual hacéis bien en estar atentos como a una antorcha que alumbra en lugar oscuro, hasta que el día esclarezca y el lucero de la mañana salga en vuestros corazones" (2 Pedro 1:19, RVR60). La condición: seguir las preciosas y grandísimas promesas. La progresión: mientras temblemos y obedezcamos, entonces crecerá la luz de su gloria. Comienza como la fuerza del amanecer y continúa de gloria en gloria hasta que brille como el sol en su máximo esplendor.

Proverbios 4:18 nos dice: "El camino de los justos es como la primera luz del amanecer, que brilla cada vez más hasta que el día alcanza todo su esplendor". En el día perfecto brillaremos como el sol por la eternidad. (Vea Mateo 13:43.) ¡No reflejaremos su gloria, sino que la emitiremos! ¡Aleluya!

QUITAR LOS OBSTÁCULOS

¿Cuándo ha contemplado realmente la gloria de Cristo? Mientras ora, pídale al Señor que resplandezca su gloriosa presencia sobre usted.

ORACIÓN

Padre celestial, gracias por las ricas y maravillosas promesas en tu Palabra. Dame fuerzas para guardar estas promesas en mi corazón, y usa estas palabras para transformar mi vida, a fin de que pueda ser más como Jesús. Si tropiezo y peco, usa estas promesas para traer convicción de mi pecado y llévame a confesar y a arrepentirme.

Te pido caminar en la luz de tu verdad y me propongo obedecerte. Guarda mis ojos de la oscuridad y llénalos con tu luz. Lléname con tus fuerzas para gloriarme en la luz de tu amor. Amén.

GUÍA PARA EL CAMINAR DIARIO

Isaías 60; Mateo 25

Día diez

QUITE LA VIGA DE SU OJO

¿Por qué te fijas en la astilla que tiene tu hermano
en el ojo, y no le das importancia a la viga que está
en el tuyo? ¿Cómo puedes decirle a tu hermano:
"Déjame sacarte la astilla del ojo", cuando ahí tienes
una viga en el tuyo? ¡Hipócrita!, saca primero la
viga de tu propio ojo, y entonces verás con claridad
para sacar la astilla del ojo de tu hermano.

—MATEO 7:3–5, NVI

Así COMO UN velo sobre nuestros ojos espirituales distorsiona nuestra imagen del Señor, también lo hará una viga, especialmente cuando ignoramos la misma en nuestros ojos y usamos nuestra "visión lateral" para fijarnos en las astillas de los ojos de nuestros hermanos. Probablemente, yo (Lisa) tenía suficientes vigas en mis ojos como para construir una cabaña. Mi viga principal manifestaba una tendencia a criticar y a juzgar. La astilla de otra persona podría generar una tendencia para andar chismeando o provocar enojo.

Se debe interpretar esta escritura en contexto con la escritura precedente: "No juzguen a nadie, para que nadie los juzgue a ustedes" (Mt. 7:1, NVI). Una astilla puede nublar su visión, pero una viga la obstruye; y el juzgar a otros es una viga.

Tales vigas se transforman en todo lo que ve. La gente con una "visión de viga" encuentra que a donde sea que miren, pueden ver solo los defectos de los otros. El aserrín es un subproducto de las vigas de madera. El aserrín de otros se vuelve el centro. Aquellos con una "visión de viga" reconocen en otros un subproducto de ellos mismos.

El aserrín no es tan evidente como las astillas o las vigas. Las personas con vigas en sus ojos caminan totalmente inconscientes de su ceguera, al mismo tiempo que intentan quitar las numerosas astillas del ojo ajeno. Cuando se lo imagina, verá cuán tonto y peligroso es creer que podemos ayudar a alguien más cuando las vigas enceguecen nuestros propios ojos. Nadie estaría de acuerdo en someterse a una cirugía realizada por un cirujano con sus ojos vendados.

Nuestro propósito es no juzgar a otros con las verdades que aprendamos, sino juzgarnos a nosotros mismos. A menudo, resulta más fácil oír un sermón y pensar en alguien más, tal vez en la persona sentada al lado nuestro. O leer un libro para alguien más. Sé que me ha pasado. Leo un libro y pienso: "¡Está genial! ¡Conozco a ciertas personas que realmente necesitan leerlo!". Mi mente se empieza a acelerar mientras planeo cómo conseguirle a cada uno un ejemplar del libro o cómo encontrar la manera de leerles en voz alta algunos pasajes del mismo.

Ahora, eso está bien si solo quiero compartir algo que primeramente me ha ayudado a mí. Está bien ayudar a otros cuando nuestra visión es clara. El único problema es que por lo general me salteo el paso de "me ayudó a mí" y salto directamente al proceso de ayudar o cambiar a otros. Me vuelvo tan ocupada leyendo el libro para otros que me pierdo de aplicar sus verdades en mi propia vida. Jesús dijo que primero quitemos la viga de nuestro propio ojo, y luego nos ocupemos de sacar la astilla del ojo de nuestro hermano.

Cuando nuestras vigas son quitadas, vemos con claridad porque nuestras intenciones son puras.

QUITAR LOS OBSTÁCULOS

Tome algunos momentos para estar tranquilo delante de Dios y aquietar su corazón y su mente. ¿Hay vigas en sus ojos? Permita que la Palabra de Dios se las revele. Es difícil cambiar al mundo, ¡pero puede cambiar usted! Pídale a Dios que le muestre las áreas en donde pueda crecer y profundizar su obediencia al Señor.

ORACIÓN

Padre, tu Palabra es lámpara a mis pies y lumbrera a mi camino. Es tan importante que pueda ver esa luz. Me arrepiento de cualquier tendencia a juzgar a otros. Padre, quita la medida con la que seré juzgado, al sembrar misericordia. Dame una porción de tu misericordia para ahora extenderla hacia otros.

Abre mis ojos y quita toda viga que pueda obstruir mi visión. Sé que es tu verdad la que me hace libre. Entiendo que el malestar que he experimentado se debe que sentía que era mi responsabilidad cambiar o juzgar a mis hermanos. Padre, solo tú conoces los secretos de mi corazón, y los dejo en tus manos. Amén.

GUÍA PARA EL CAMINAR DIARIO

Lucas 6:37; Romanos 14:3–4, 10–13; 1 Corintios 4:1–5; Santiago 4:7–12

QUITE LA BARRERA
DE LA FALTA
DE PERDÓN

UN COLEGA SE ha llevado el reconocimiento por su trabajo, o un amigo ha hablado con malicia a sus espaldas. La lista de posibles ofensas en esta vida es innumerable. Quizá haya pensado: "Esta vez los voy a perdonar, ¡pero nunca lo olvidaré!".

La manera en que manejemos estos incidentes es fundamental. ¿Ejerce el perdón, o lleva una lista mental de todas las ofensas? Si tiene dicha lista, su corazón y su espíritu se sentirán agobiados y lo consumirán por dentro como el cáncer.

La Palabra de Dios nos advierte que "todos hemos pecado; nadie puede alcanzar la meta gloriosa establecida por Dios" (Ro. 3:23). Por medio de la muerte, sepultura y resurrección de Cristo Jesús, el Hijo de Dios, tenemos perdón de pecados; a pesar de merecer la muerte y una eternidad en el infierno. "Pues la paga que deja el pecado es la muerte, pero el regalo que Dios da es la vida eterna por medio de Cristo Jesús nuestro Señor" (Ro. 6:23).

Se nos ha dado el invaluable e indescriptible regalo del perdón. Dicho regalo nunca debe tratarse como algo común o simplemente olvidarlo y darlo por sentado. Cuando la vida lo lastime de manera inesperada, ¿cómo responderá? ¿Concederá el perdón o guardará sentimientos negativos y retendrá el perdón? Si usted retiene el perdón que vivifica, crecerá en su corazón herido una raíz de amargura (He. 12:15).

Si hay alguien que merecía guardar rencor, fue Cristo Jesús. Aunque estaba libre de pecado, los soldados romanos lo azotaron y lo golpearon sin piedad, después lo colocaron sobre una cruz y clavaron sus manos y sus pies. Como si eso ya no fuera bastante doloroso, los soldados levantaron la cruz y la dejaron caer en un hoyo poco profundo cuyo impacto sacudía hasta los huesos. No existía otro método de tortura más cruel. Mientras Jesús colgaba de la cruz, Lucas captó sus palabras: "Padre, perdónalos, porque no saben lo que hacen" (Lucas 23:34). La multitud a sus pies no tenía relación ni creía en el Hijo de Dios. Se burlaban de Él: "Salvó a otros—decían—; que se salve a sí mismo, si es el Cristo de Dios, el Escogido" (Lucas 23:35, NVI).

Dos ladrones comunes fueron colgados a ambos lados de Jesús. Uno de los ladrones se unió a la multitud, diciéndole a Jesús que se salvara a sí mismo y a él también. Pero fue la respuesta del otro ladrón la que tocó el corazón de Jesús:

> "¿Ni siquiera temes a Dios ahora que estás condenado a muerte? Nosotros merecemos morir por nuestros crímenes, pero este hombre no ha hecho nada malo". Luego dijo:

—Jesús, acuérdate de mí cuando vengas en tu reino.

Jesús respondió:

—Te aseguro que hoy estarás conmigo en el paraíso.

—Lucas 23:40–43

Mientras estaba clavado en la cruz agonizando, nuevamente el Hijo de Dios libró el poder del perdón para transformar una vida. Jesús alcanzó y tocó a un ladrón moribundo con el perdón eterno.

Las páginas siguientes celebran el perdón. Obtenga vida de este recurso espiritual. Deje que el gozo disipe las decepciones amargas de la vida. Nuestro modelo de vida es Cristo Jesús. Al seguir a Cristo, Él vive a través de nosotros y somos un ejemplo resplandeciente tanto para los creyentes como para los incrédulos que se crucen en nuestro camino. Durante los próximos cinco días, analizaremos también la trampa de la falta de perdón.

Dios el Padre anhela compartir con nosotros estas verdades claves sobre el perdón. Estos principios aumentan nuestra intimidad con el Señor. Sin ellos, se levantarán barreras que nos impedirán entrar en la presencia de Dios. Volvamos de nuevo al camino de su presencia.

Día once

DESMESURADO PERDÓN DE DIOS

*Sin embargo, mientras que el conocimiento nos
hace sentir importantes, es el amor lo que fortalece
a la iglesia. El que afirma que lo sabe todo, en
realidad, no es que sepa mucho; pero la persona
que ama a Dios es a quien Dios reconoce.*

—1 Corintios 8:1–3

LA PERSONA QUE ama a Dios es a quien Dios reconoce. Dios nos conoce. Sin este reconocimiento, no podemos entrar a su reino. En algunas referencias del Nuevo Testamento, a algunas personas se les dijo: "¡Apártense! No los conozco". Ellos lo conocían, pero Él no.

Al amar a Dios, somos transformados a la imagen de su Hijo y, por lo tanto, somos reconocidos como sus hijos. Dios sabe que ni siquiera podemos amarle sin su ayuda, así que nos ha provisto un amor sin reproches. "Queridos hermanos, amémonos los unos a los otros, porque el amor viene de Dios, y todo el que ama ha nacido de él y lo conoce" (1 Juan 4:7, NVI).

El amor viene de Dios, no de los sentimientos, las relaciones o las circunstancias. Es una impartición divina de nuestro Padre. "Nos amamos unos a otros, porque él nos amó primero" (1 Juan 4:19).

Podemos amarle porque nos da seguridad y nunca seremos rechazados. Su amor no cesa ni cambia. Su amor no tiene límites. Cuando miramos detenidamente, vemos una revelación cada vez mayor de ese amor. El amor de Dios nos libra del temor.

"En esa clase de amor no hay temor, porque el amor perfecto expulsa todo temor. Si tenemos miedo es por temor al castigo, y esto muestra que no hemos experimentado plenamente el perfecto amor de Dios" (1 Juan 4:18).

Si tiene miedo, es porque trata de amar a otros sin primeramente experimentar el amor por Dios. Siempre fracasará y no estará a la altura si primero intenta conseguir el amor de otros cuando no ha procurado buscar incondicionalmente el amor de Dios. En el amor de Dios encontrará su gran perdón, a fin de que, a cambio, pueda también perdonar. Cuando usted encuentra su amor, puede entonces amar. Dios lo ha perdonado tantas veces. Es fácil amar a otros cuando se encuentra inundado por el amor de Dios. Tenemos una necesidad continua de la misericordia de Dios en nuestras vidas. De hecho, cada día deberíamos amarlo más, porque le conocemos más.

Solemos quitar nuestros ojos de Dios y volver nuestra mirada hacia nosotros mismos o hacia nuestros hermanos. Entonces, nuestra visión se vuelve borrosa, y nuestro amor se enfría. Nos enfocamos en las veces en que fracasamos en amar, en lugar de en la fuente del amor. Ahora es el tiempo de volver nuestro amor a Él. Hemos cometido el error de tratar de amar a otros para demostrar nuestro amor por Dios. Necesitamos pedirle que renueve nuestro amor por Él. Necesitamos pedirle: "Ponme como un sello sobre tu corazón, como una marca sobre tu brazo; Porque fuerte es como la muerte el amor…Sus brasas, brasas de fuego, fuerte llama" (Cant. 8:6, RVR60).

Nos hemos comportado como las mujeres promiscuas que amaron a otros y olvidaron su primer amor. Hemos priorizado nuestros trabajos, nuestros afectos y nuestras fuerzas en el "esposo" de la religión y olvidado el amor de nuestra juventud. Algunos han dejado de sentir su amor, pero Él nos prometió: "En un estallido de enojo aparté de ti mi rostro por un poco de tiempo. Pero con amor eterno tendré compasión de ti" (Is. 54:8).

La primera medida genuina sobre el amor de una persona es su confianza y fe en Dios. A esto le sigue el amor hacia Dios. Su amor es eterno, más allá de nuestra infidelidad.

QUITAR LOS OBSTÁCULOS

Concéntrese en su relación de amor con Dios el Padre. Conozca dónde se encuentra en su vida cristiana, a fin de que el amor pueda crecer. La profundidad del amor de Dios es insondable y una fuente de revelación continua de Dios mismo. Tome un momento y alabe a Dios por su amor perfecto e incondicional por usted.

ORACIÓN

Padre, gracias por tu maravilloso amor y presencia en mi vida. Enséñame y permíteme amarte cada día más. Ayúdame a mostrar tu amor al mundo que me rodea.

Te alabo por tu perdón y compasión en mi vida. Te pido que perdones mis faltas y mis pecados, los que veo y los ocultos. Renueva mi relación de amor contigo y llévame por el camino hacia una relación más íntima. En el precioso nombre de Jesús, amén.

GUÍA PARA EL CAMINAR DIARIO

1 Corintios 13; 1 Juan 3:10–4:19

Día doce

EL PODER INESPERADO

*Pero yo digo: ¡ama a tus enemigos! ¡Ora por los que
te persiguen! De esa manera, estarás actuando como
verdadero hijo de tu Padre que está en el cielo. Pues él
da la luz de su sol tanto a los malos como a los buenos
y envía la lluvia sobre los justos y los injustos por igual.*

—MATEO 5:44–45

CUANDO ESTÁBAMOS RECIÉN casados, John
hacía algo que realmente me hería (Lisa). Sucedió algunas veces, y por cada una de ellas
John se me acercaba y se disculpaba. Pero yo rechazaba sus disculpas. "¡Voy a creer que lo sientes cuando
cambies!".

Esta respuesta para mí era infalible. Significaba que
no tenía que concederle el perdón a John hasta que
demostrara que lo merecía. Este comportamiento continuó por algún tiempo. Cada vez que John me hacía
daño, me sentía más justificada al retener mi perdón.
Él se disculpaba, y desde mi dolor, lo atacaba diciendo:
"¡Sabía que no lo sentías! ¡Lo volviste a hacer! ¡Ni siquiera quiero escuchar tus disculpas!".

Estaba amargada y atormentada porque nunca le
había concedido el perdón. Volvió a suceder, y ahora

estaba enojada con John y con Dios. Me aparté para orar y pedirle al Señor que cambiara a mi esposo, y así es cómo el Espíritu Santo me respondió: "John no podrá cambiar hasta que le concedas el perdón".

"No creo que en verdad lo lamente", discutía. "¡Si lo lamentara, dejaría de hacerlo! ¿Por qué todo siempre es mi responsabilidad? ¿Por qué siempre tengo que ser yo la que cambie? ¡Es a mí a quién se está lastimando!".

"Dile a John que crees que quiere cambiar, y que lo perdonas".

Dios me había dado algunas directivas muy claras, sin hacer referencia alguna sobre el comportamiento de John. Quería que Dios juzgara a John, y tal vez hasta que le hablara en un sueño y lo asustara. Pero Dios no estaba interesado en mi solución. En cambio, me presentó algunas opciones. Ahora tenía que elegir entre obedecer su orden de perdonar y librar a John o desobedecer y guardar esta ofensa. Esto iba en contra de todo lo que creía, porque se me había enseñado que la manera en que una persona demuestra que está arrepentida es cambiando de actitud.

Dios me estaba desafiando a tener misericordia de John cuando no creía que se la había ganado. Esto es lo hermoso de la misericordia. La misma no se puede ganar, se concede cuando menos la merecemos, porque es cuando más la necesitamos.

Me acerqué a John y compartí con él aquello que Dios me había mostrado. Me disculpé por castigarlo con mi falta de perdón. Lo había hecho para protegerme a mí misma, pero terminé hiriéndonos a ambos. Una vez que obedecí, el poder de Dios fue librado en nuestra situación, y tuvieron lugar la sanidad y la restauración.

Fue un momento de verdad para mi vida, y tendría que enfrentar muchos más. Algunos de ellos me llevaron a examinar mi corazón, y descubrí que no siempre me gustaba lo que encontraba allí. Buscaba culpar a otros para aliviar mi incomodidad, porque entonces no sería responsable de mis propias acciones. ¿Correcto?

Hice esto por algún tiempo, con la esperanza de que me hiciera sentir mejor. Me había olvidado que al recordar antiguas ofensas de otros, estaba también desenterrando las mías. Asimismo, me había olvidado que si considero responsables a mis seres amados por sus pasados, entonces Dios me haría también responsable por el mío.

Recuerde que con la misma medida con la que juzgamos a otros, Dios también nos juzgará. No podemos tomar y elegir la aplicación de la Escritura según nuestras preferencias.

Jesús instruye, pero Él permite que cada individuo decida si obedecerá o no su Palabra. Jesús lidera; Él nunca fuerza a nadie a seguirle.

QUITAR LOS OBSTÁCULOS

Cuando se trata de cambiar, muchas veces culpamos a otros en lugar de examinarnos a nosotros mismos. Tome un momento y pregúntele a Dios qué cambios necesita hacer en su propio corazón y en su vida.

ORACIÓN

Señor, eres un Dios de misericordia y de gracia. Me he dado cuenta de que necesito de tu gracia y misericordia a diario, a fin de extenderlas a otros y aceptarlas como propias por medio de la sangre de Jesús. Abrazo tu perdón y abro mi corazón a ti. Haz tu obra en mi vida; moldéame y transfórmame en una persona que te ame y resplandezca con la presencia de Jesús. Te alabo porque te ocupas de cada detalle de mi vida. Continúa guiándome en el camino hacia la intimidad contigo. En el nombre poderoso de Jesús, amén.

GUÍA PARA EL CAMINAR DIARIO

Génesis 45; 2 Pedro 1:1–15

Día trece

SIEMBRE AMOR Y PERDÓN
PARA COSECHAR VIDA

Muchos tropezarán entonces, y se entregarán unos a
otros, y unos a otros se aborrecerán. Y muchos falsos
profetas se levantarán, y engañarán a muchos; y por
haberse multiplicado la maldad, el amor de muchos se
enfriará. Mas el que persevere hasta el fin, éste será salvo.

—MATEO 24:10–13, RVR60

E N ESTE PASAJE de Mateo, Jesús está enseñando acerca de las señales de los últimos tiempos. Sus discípulos le preguntaron: "¿Cuándo serán estas cosas, y qué señal habrá de tu venida, y del fin del siglo?" (Mt. 24:3, RVR60).

Muchos creen firmemente que estamos en el tiempo de la venida de Cristo. Nunca antes hemos visto tales cumplimientos proféticos en la Iglesia, en Israel y en la naturaleza. Así que con seguridad podemos afirmar que estamos en el período que Jesús describió en Mateo 24.

Note una de las señales de su futura venida: "Muchos tropezarán " (v. 10, RVR60). No unos pocos, no algunos, sino muchos.

Primeramente, debemos preguntarnos: ¿Quiénes son estas personas que tropezarán? ¿Son cristianos o solo la sociedad en general? Encontramos la respuesta si avanzamos en la lectura: "y por haberse multiplicado la maldad, el amor de muchos se enfriará" (v. 12, RVR60). El término griego para amor en este versículo es *agape*. Existen varias palabras griegas para referirse al amor en el Nuevo Testamento, pero las dos más comunes son *agape* y *phileo*.

Phileo significa "un amor fraternal". Es un amor afectuoso el cual es condicional. Por otra parte, *agape* es "el amor que Dios derrama en el corazón de sus hijos". Es el mismo amor que Jesús nos da. Es incondicional. No se basa en nuestro comportamiento, ni siquiera en si es recíproco. Es un amor que se da incluso cuando es rechazado.

Sin Dios solo podemos amar con un amor egoísta, un amor que no se puede dar si no se recibe y se devuelve. No obstante, *agape* ama sin importar su respuesta. *Agape* es el amor que Jesús derramó cuando nos perdonó en la cruz. Por tanto, los "muchos" a quienes Jesús se refiere son cristianos que han dejado enfriar su *agape*.

Hubo un tiempo cuando (John) hacía todo lo posible para demostrarle mi amor a cierta persona. Pero parecía que cada vez que me acercaba en amor, esta persona me rechazaba con críticas y maltrato. Esto continuó durante meses. Un día, me harté.

Me quejé ante Dios. "Ya aguanté suficiente. Ahora tú vas a tener que hablarme al respecto. Cada vez que le demuestro tu amor a esta persona, ¡solo consigo que me refriegue en la cara su enojo!".

El Señor comenzó a hablarme. "¡John, necesitas desarrollar tu fe en el amor de Dios!".

"¿Qué quieres decir?", le pregunté.

"Porque el que siembra para su carne, de la carne segará corrupción", me explicó, "mas el que siembra para el Espíritu, del Espíritu segará vida eterna. No nos cansemos, pues, de hacer bien; porque a su tiempo segaremos, si no desmayamos" (Gl. 6:8–9, RVR60).

El Señor continuó hablando a mi corazón: "Debes entender que cuando siembras el amor de Dios, cosecharás el amor de Dios. Necesitas desarrollar la fe en esta ley espiritual, a pesar de que puedas no cosechar del campo en el cual has sembrado o tan pronto como quisieras. En mi momento de mayor necesidad, mis amigos más cercanos me abandonaron. Judas me traicionó, y Pedro me negó. Había cuidado de ellos durante años. Sin embargo, elegí perdonarlos y morir por ellos. No me pidieron que los perdonara, mas les concedí el perdón. Tenía fe en el amor del Padre. Sabía que porque había sembrado amor, cosecharía el amor de muchos hijos e hijas del reino".

Dejé de creer que estaba fracasando cuando el amor de dicha persona no era recíproco. ¡Me hizo libre para quererla aún más!

QUITAR LOS OBSTÁCULOS

Evalúe sus relaciones de amor con Dios y con su prójimo. ¿Están basadas en el amor *phileo* o *agape*? ¿Qué acciones puede tomar para fortalecer su amor *agape*? Realice algunos planes específicos en esta área.

ORACIÓN

Señor, dame poder para amarte a ti y a otros con un amor incondicional. El mundo ama con un amor condicional, pero te pido que me des tu poder sobrenatural para amar sin ataduras ni condiciones. Me propongo por medio de tu gracia sembrar semillas de amor y de perdón en aquellos que hoy se crucen en mi camino. Guía mis pasos para caminar en la intimidad contigo. Celebro tu vasto amor por mí y por el mundo que me rodea, el cual demostraste a través de la muerte y resurrección de Jesús.

Te alabo porque me tomas de la mano y me guías por el camino hacia la intimidad contigo. Entrego mis planes en tus manos y te pido que los llenes con tu amor. Amén.

GUÍA PARA EL CAMINAR DIARIO

Mateo 24; Gálatas 6

Día catorce

CANCELACIÓN DE SU DEUDA

Luego Pedro se le acercó y preguntó:
—Señor, ¿cuántas veces debo perdonar a alguien que peca
contra mí? ¿Siete veces?
—No siete veces —respondió Jesús—,
sino setenta veces siete.

—MATEO 18:21–22

E N ESTOS VERSÍCULOS, Jesús arroja más luz sobre la atadura de la falta de perdón y las ofensas. Les enseñaba a sus discípulos cómo reconciliarse con un hermano quien los había ofendido.

Cuando Pedro sugirió perdonar una ofensa siete veces, creyó que estaba siendo generoso. A Pedro le gustaba llevar las cosas al extremo. En el monte de la Transfiguración, este discípulo le dijo a Jesús: "Señor, ¡qué bien que estemos aquí! Si quieres, levantaré tres albergues: uno para ti, otro para Moisés y otro para Elías" (Mt. 17:4, NVI). Ahora pensaba que se estaba mostrando magnánimo: "Impresionaré al Maestro con mi buena disposición para perdonar siete veces".

Sin embargo, recibió una respuesta impactante. Jesús arrasó con lo que Pedro consideraba generoso. "—No siete veces— respondió Jesús—, sino setenta veces siete" (Mt. 18:22). En otras palabras, perdona como Dios perdona, sin límites.

Después Jesús contó una parábola para enfatizar su punto. "Por lo tanto, el reino del cielo se puede comparar a un rey que decidió poner al día las cuentas con los siervos que le habían pedido prestado dinero. En el proceso, le trajeron a uno de sus deudores que le debía millones de monedas de plata" (Mt. 18:23–24).

Jesús estaba enfatizando que este siervo debía una deuda imposible de pagar. Leemos: "No podía pagar, así que su amo ordenó que lo vendieran —junto con su esposa, sus hijos y todo lo que poseía— para pagar la deuda. El hombre cayó de rodillas ante su amo y le suplicó: 'Por favor, tenme paciencia y te lo pagaré todo'. Entonces el amo sintió mucha lástima por él, y lo liberó y le perdonó la deuda" (Mt. 18:25–27).

El rey representa a Dios el Padre, quien le perdonó a este siervo una deuda que le era imposible de pagar. La deuda que se nos perdonó era impagable. No había manera de que alguna vez pudiéramos pagarle a Dios lo que le debíamos. Nuestro pecado era apabullante. Así que Dios dio la salvación como un regalo. Jesús pagó el certificado de deuda en nuestra contra. Podemos ver el paralelismo entre la relación de este siervo con su rey y nuestra relación con Dios.

Pero cuando el hombre salió de la presencia del rey, fue a buscar a un compañero, también siervo, que le debía unos pocos miles de monedas de plata. Lo tomó del cuello y le exigió que le pagara de inmediato. El compañero cayó de rodillas ante él y le rogó que le diera un poco más de tiempo. "Ten paciencia conmigo, y yo te pagaré", le suplicó. Pero el acreedor no estaba dispuesto a esperar. Hizo arrestar al hombre y lo puso en prisión hasta que pagara toda la deuda.

—MATEO 18:28–30

Uno de sus compañeros, también siervo, le debía una suma razonable de dinero, unos pocos miles de dólares. Pero recuerde que a este hombre se le había perdonado una deuda de millones. ¡Eso es más dinero del que podríamos ganar en toda una vida!

Las ofensas que cometimos en contra de otros, comparadas con nuestras ofensas contra Dios, son como unos pocos miles de dólares contra un millón. Quizá alguien nos maltrató, pero no se compara con nuestras transgresiones contra Dios.

La persona que no puede perdonar se ha olvidado de la gran deuda que le ha sido perdonada. Cuando se da cuenta de que Jesús lo libró de la muerte y tormentos eternos, perdonará a otros de manera incondicional.

Si usted encuentra difícil conceder el perdón, piense en la realidad del infierno y en el amor de Dios que lo libró del mismo.

QUITAR LOS OBSTÁCULOS

¿Está usted guardando ofensas en su corazón ocasionadas por parientes, vecinos o amigos? Tome algunos momentos y medite sobre las consecuencias de la falta de perdón y de llevar las ofensas de otros. Entregue esas ofensas y su resentimiento en las manos de Dios.

ORACIÓN

Señor, admito que algunas veces se ha sentido bien guardar resentimientos en mi corazón y no perdonar a mi prójimo. He querido que se sientan mal por las heridas causadas. Sin embargo, en mi corazón sé que la falta de perdón no es el camino correcto. Dame un entendimiento mayor acerca de la gran cancelación de mi deuda y de la limpieza de mis propios pecados por medio de Jesús. Gracias por perdonar una deuda que me es imposible pagar. Ahora dame esta medida de tu gracia para perdonar con un corazón amoroso y libre a todo aquel que me ofenda.

Te pido por el poder de tu Espíritu que invadas mi vida a cada instante. Enséñame cómo perdonar a otros. Quiero celebrar hoy tu verdad en mi vida. En el nombre de Jesús, amén.

GUÍA PARA EL CAMINAR DIARIO

Mateo 18; 1 Corintios 6

Día quince

¿QUÉ SUCEDE SI EL PERDÓN RECAE?

Pero yo digo: ¡ama a tus enemigos! ¡Ora por los que te persiguen! De esa manera, estarás actuando como verdadero hijo de tu Padre que está en el cielo. Pues él da la luz de su sol tanto a los malos como a los buenos y envía la lluvia sobre los justos y los injustos por igual.

—MATEO 5:44–45

HACE VARIOS AÑOS, alguien en el ministerio me ofendió (John). La mayor ofensa no fue una única experiencia, pero una de muchas con esta persona durante un año y medio. Por medio del ayuno y la oración, finalmente, llegué al punto en el que podía orar: "Señor, perdónalo y líbralo de todo lo que ha hecho". De inmediato mi carga se levantaba, pero era solo el comienzo de mi viaje hacia la restauración.

Algunos meses después, tuve que luchar contra algunos de los mismos pensamientos que había tenido antes de perdonar. Finalmente, le pregunté al Señor cómo impedir que estos pensamientos me hicieran retroceder a la falta de perdón. No quería vivir el resto de mi vida guardando rencor a distancia. El Señor me instruyó a que orara por el hombre quien me había herido, trayendo a memoria esos versículos que se encuentran en Mateo 5:44–45.

Así que comencé a orar. Al principio era con un tono seco y monótono, sin un ápice de pasión. Por obligación, agregaba: "Señor, bendícelo. Dale un buen día. Ayúdalo en todo lo que haga. En el nombre de Jesús, amén".

Después de algunas semanas, perecía que no llegaba a ninguna parte. Entonces una mañana el Señor me sorprendió con el Salmo 35. No tenía idea qué decía dicho salmo, así que comencé a leerlo. Cuando llegué a la mitad, pude ver mi situación.

> Testigos maliciosos testifican en mi contra y me acusan de crímenes que desconozco por completo. Me pagan mal por bien y estoy enfermo de desesperación.
>
> —Salmo 35:11–12

Pude identificarme con David. En mi opinión, tanto este hombre como algunos de sus asociados me habían pagado mal por bien. Mi alma definitivamente estaba triste. Dios estaba usando este salmo para mostrarme mi batalla de los últimos años. Después leí: "Sin embargo, cuando ellos se enfermaban, yo me entristecía; me afligía a mí mismo ayunando por ellos, pero mis oraciones no tenían respuesta. Estaba triste *como si fueran mis amigos o mi familia*, como si me lamentara por mi propia madre" (Sal. 35:13–14, énfasis añadido).

David decía que estos hombres trataban de destruirlo. Lo atacaban con maldad cuando no había hecho nada para merecerlo. La respuesta de David no se basó en las acciones de los demás. Determinado en hacer lo correcto, oró por ellos como si fueran sus hermanos cercanos o como alguien que lamenta la pérdida de su madre. Dios me estaba mostrando cómo tenía que orar por este hombre: "¡Ora pidiendo las mismas cosas para él que las que quieres que yo haga por ti! Entonces mis oraciones cambiaron completamente. Dejé de orar: "Dios, bendícelo y dale un buen día". Mis oraciones cobraron vida. Oraba: "Señor, revélate a él en una manera mayor. Bendícelo con tu presencia. Deja que te conozca más íntimamente. Que pueda ser agradable para ti y honrar tu nombre". Oré lo que quería que Dios hiciera en mi propia vida.

Al cabo de un mes de orar apasionadamente por él, clamé en voz alta: "¡Te bendigo! ¡Te amo en el nombre de Jesús!". Fue un clamor desde lo profundo de mi ser. He pasado de orar por él por mi propio bien a orar por él por su bien. La sanidad fue completa.

QUITAR LOS OBSTÁCULOS

Ore por todo aquel que lo haya ofendido. Comprométase a orar sobre las inquietudes de este individuo de manera constante durante las próximas semanas. Pídale a Dios que haga las mismas cosas por esta persona que usted desea que Él haga en su vida.

ORACIÓN

Señor, admito que tengo un problema recurrente con [nombre la persona]. Quisiera dejar estos problemas a los pies de la cruz, pero en mi debilidad humana, suelo volver a tomar el problema y comenzar a cargarlo de nuevo. Oro para que puedas tocar la vida de esta persona y profundizar su relación contigo. Tomo la decisión de vencer esta recaída en la falta de perdón por el poder de tu gracia. Gracias por llenar mi corazón con amor por ti y por [nombre]. Te entrego mi corazón a ti y te pido que lo cambies. Queda fuera de mi control y en tus manos. En el poderoso nombre de Jesús, amén.

GUÍA PARA EL CAMINAR DIARIO

Mateo 5

ENFRENTAR EL PASADO CON ESPERANZAS RENOVADAS PARA EL FUTURO

NUESTRO PASADO SUELE determinar quiénes somos. Nuestro entorno, nuestra vida familiar, nuestra educación y nuestro caminar con el Señor contribuyen a delinear nuestra identidad. Por la gracia de Dios, no tenemos que estar anclados en el pasado. Por medio del poder del Espíritu de Dios, podemos avanzar en el presente con esperanzas renovadas para nuestro futuro.

En el libro de Isaías, el Señor relata los asombrosos milagros que ejecutó para los hijos de Israel cuando escaparon de la esclavitud de Egipto. Luego, declara: "Pero olvida todo eso; no es nada comparado con lo que voy a hacer. Pues estoy a punto de hacer *algo nuevo*. ¡Mira, ya he comenzado! ¿No lo ves? Haré un camino a través del desierto; crearé ríos en la tierra árida y baldía" (Is. 43:18–19, énfasis añadido).

El Señor anhela hacer algo nuevo en nuestras vidas. Todavía no hemos conocido a Dios tan íntimamente como Él nos conoce. Pablo describió esta relación: "Así que, todos nosotros, a quienes nos ha sido quitado el velo, podemos ver y reflejar la gloria del Señor. El Señor, quien es el Espíritu, nos hace más y más parecidos a él a medida que somos transformados a su gloriosa imagen" (2 Co. 3:18).

En la medida en que crecemos en nuestro conocimiento de Dios, escapamos de nuestro pasado oscuro y comenzamos a reflejar los deseos de Dios para nuestras vidas. Sus verdades transformadoras no suelen ser las más fáciles de aceptar. Estas desafían nuestros patrones de comodidad. Por lo general, resulta difícil renunciar a estos patrones una vez que se hayan establecido. Las verdades de Dios también colisionan con las fortalezas y tradiciones religiosas, las cuales se forman desde una temprana edad y permanecen muy arraigadas.

No todas las tradiciones son malas, pero cuando una persona responde simplemente por tradición y no lo hace de corazón, estará viviendo formalidades sin vida. Un hombre con un espíritu religioso es aquel que posee una apariencia de santidad y se aferra a lo que Dios hizo en el pasado, resistiendo aquello que Dios está haciendo en el presente.

Los fariseos en el tiempo de Jesús tenían este tipo de comportamiento. Se jactaban de que eran hijos de Abraham e hijos del pacto. Decían ser discípulos de Moisés. Atados al pasado, resistieron al Hijo de Dios quien caminaba en medio de ellos. Eran celosos de sus tradiciones y estilo de adoración. Pero cuando vino Jesús, Él desafió cada zona de confort. El Señor Jesús los hizo darse cuenta de que Dios no iba a caber en sus cajas; ellos tendrían que caber en la suya. Se resistieron al cambio y se aferraron a sus tradiciones. Un espíritu religioso produce una actitud elitista, la cual resultará en prejuicio y finalmente en odio y traición si no se le pone freno.

A fin de poder cambiar y hacer la transición de un nivel de gloria al siguiente, debemos estar dispuestos a dejar nuestras zonas de confort e ir en pos del camino del Espíritu del Señor. Este camino hará brotar una vida nueva.

Lisa y yo estamos emocionados por las verdades que Dios le revelará al estudiar las escrituras de las siguientes páginas. Las mismas le proporcionarán algunos nuevos conocimientos acerca de soltar las ataduras de su pasado y confiar en Dios por el presente y el futuro. Aunque pueda estar pasando por circunstancias que a los ojos del hombre son imposibles, aférrese a la promesa de Dios que Jesús declaró: "Con Dios, todo es posible" (Marcos 10:27).

Estas selecciones de devocionales lo ayudarán a transitar el camino a la presencia de Dios.

Día dieciséis

LIBRES DE NUESTRO PASADO

Pero si miras atentamente en la ley perfecta que te
hace libre y la pones en práctica y no olvidas lo que
escuchaste, entonces Dios te bendecirá por tu obediencia.

—SANTIAGO 1:25

HACE ALGUNOS AÑOS, (Lisa) tuve el honor de ser una de las oradoras matinales en una conferencia nacional. Había predicado el día anterior y me preparaba para asistir a un almuerzo organizado para todos los oradores, antes de compartir en la reunión de la tarde. ¡Estaba realmente emocionada por esta oportunidad de conocer a tantas mujeres de Dios todas a la vez! Podría escuchar sus conversaciones y hacer preguntas. Además, no tenía a ninguno de mis hijos conmigo. Estaba sola, ¡con mujeres adultas!

Mientras me dirigía al almuerzo, el Espíritu me detuvo: "Ve a tu coche. Quiero hablarte".

Me sentía como una niña a quien se la envía a su habitación. ¿Por qué ahora? ¿No podía entrar por un momento y luego salir?

No sentí una respuesta muy positiva a mi sugerencia por parte del Espíritu Santo, así que me di la vuelta y regresé a mi camioneta roja. Me subí de mala gana. Allí estaba, con tacones altos y un vestido, sentada en una camioneta en el estacionamiento de la iglesia. Para entonces, todos los otros oradores estarían reuniéndose y saludándose. Me recordaba a cuando amamantaba a mis bebés y pasaba la mayoría de los eventos sociales encerrada en los confines de una habitación.

Decidí quitar esa percepción de castigo. Algunos de mis recuerdos más preciados fueron los rostros pacíficos de mis bebés lactantes. Aquieté mis pensamientos y escuché.

De inmediato, sentí la presencia de Dios. Tomé un bolígrafo y papel para anotar cualquier verdad que pudiera impartir. Hojeé mi Biblia en búsqueda de las referencias que confirmaban su voz.

No sé cuánto tiempo estuve allí afuera. Parecieron como instantes en la riqueza de su presencia y comunión. Ni siquiera quería irme cuando fue el momento de tener que entrar. Esa tarde, iba a compartir un mensaje llamado "Escapar del pasado". Había escrito sobre este tema en mi primer libro y estaba bastante segura sobre mi mensaje. En la quietud de la camioneta, Dios amplió mi mensaje de esa tarde.

Comenzó diciéndome que la iglesia estadounidense ha consagrado su pasado. El mismo ha sido usado como una excusa o justificación del comportamiento actual. Cuando nos justificamos basándonos en el pasado, es idolatría. Un ídolo es a quien le damos nuestra fuerza o desde donde la tomamos.

Algunas personas en la iglesia invierten su tiempo estudiando sus propios pasados, buscando la razón del acertijo de sus vidas. Quizá piensen que sus pasados justifican el presente, pero la verdad es que el pasado nunca justificará sus futuros. Esto es un engaño.

Nosotros no somos el foco. Nuestro foco es la ley perfecta que nos hace libres. Esta ley nos dará la libertad que ahora buscamos en nuestros pasados. Nos olvidamos de cuando solo oíamos la Palabra y no la obedecíamos. Parte de la obediencia es poner en práctica la verdad de Dios en nuestras vidas y circunstancias.

QUITAR LOS OBSTÁCULOS

¿Alguna vez ha usado su pasado para justificar su comportamiento presente? ¿Cómo? Pídale al Espíritu Santo que le dé entendimiento en su corazón sobre este aspecto.

ORACIÓN

Señor mi Dios, no quiero quedar preso en el pasado. Elijo alejarme del mismo y abrazar el futuro que tienes preparado para mí. Quiero ser cada día más como tú. Al mirarme en el espejo, me concentraré en contemplar tu rostro y la verdad de tu Palabra. Transfórmame al mirarte a ti. Dado que ya has perdonado mi pasado, también lo libero y entro en la libertad que ya has comprado para mi vida. Gracias porque mi pasado no es mi futuro. En el nombre poderoso de Jesús, amén.

GUÍA PARA EL CAMINAR DIARIO

Filipenses 3

Día diecisiete

¿TIENE DIOS EL CONTROL?

*Oh Señor mi Dios, has realizado muchas maravillas
a nuestro favor. Son tantos tus planes para
nosotros que resulta imposible enumerarlos. No
hay nadie como tú. Si tratara de mencionar todas
tus obras maravillosas, no terminaría jamás.*

—Salmo 40:5

CUANDO LOS HERMANOS de José lo vendieron como esclavo, probablemente nunca haya cruzado por su mente que sus sufrimientos y adversidades eran parte del proceso de preparación de Dios. José estaba aprendiendo obediencia, y sus hermanos fueron instrumentos claves en las manos de Dios.

Quizá José haya considerado sus sueños como una confirmación del favor de Dios sobre su vida. No había aprendido aún que la autoridad es dada para servir, no para distinguir a un individuo. Por lo general, en tales períodos de preparación nos concentramos en la imposibilidad de nuestras circunstancias en lugar de en la grandeza de Dios. Como consecuencia, nos desanimamos y sentimos la necesidad de culpar a otros, así que buscamos a quien creemos responsable de nuestro desánimo. Cuando nos enfrentamos al hecho de que Dios pudo haber evitado todo nuestro caos—y no lo hizo—solemos echarle la culpa.

Quizá, en la mente de José resonaban estas palabras: "He vivido conforme a lo que conozco de Dios. No he transgredido sus estatutos o carácter. Solo estaba contando un sueño que Dios mismo me dio. ¿Y cuál es el resultado? ¡Mis hermanos me traicionan y me venden como esclavo! Mi padre cree que estoy muerto, así que nunca vendrá a Egipto a buscarme".

Para José, la cuestión principal eran sus hermanos. Ellos lo habían arrojado a este calabozo. ¿Cuán a menudo caemos en la misma trampa de echarle la culpa a los demás? Por ejemplo:

- "Si no fuera por mi esposa, estaría en el ministerio. Ella ha impedido y arruinado muchos de mis sueños".

- "Si no fuera por mis padres, habría tenido una vida normal. Son los culpables por dónde me encuentro ahora. ¿Por qué otros tienen padres normales y yo no?".

- "Si mi mamá y mi papá no se hubiesen divorciado, me habría ido mucho mejor en mi propio matrimonio".

- "Si no fuera por mi exmarido, mis hijos y yo no tendríamos todos estos problemas financieros".

- "Si no fuera por esa mujer en la iglesia, todavía tendría el favor de los líderes. Con sus chismes, me ha destruido a mí y cualquier esperanza que tenía de ser respetado".

La lista es interminable. Es fácil culpar a alguien más por sus problemas. Quisiera enfatizar el siguiente punto: absolutamente ningún hombre, mujer, niño o demonio podrá apartarlo del plan de Dios para su vida. Si se aferra a esta verdad, lo hará libre. Solamente una persona puede apartarlo de la voluntad de Dios, ¡y ese es usted!

Dios sustenta su destino. Los hermanos de José se esforzaron por destruir la visión que Dios le había dado. Creyeron que habían terminado con la visión de José y querían acabar con toda posibilidad de que alguna vez lo lograra. Pero en el plan de Dios, José gobernaba Egipto. ¿Y los hermanos?

¡Irónicamente, los hermanos de José se convirtieron en los patriarcas de Israel! Dios le había prometido a Abraham que de ellos nacería una nación. ¡A raíz de uno de ellos, vendría el Señor Jesús!

José mantuvo su corazón libre de ofensas, y los planes de Dios se cumplieron en su vida y también en las vidas de sus hermanos. Al experimentar la vida y avanzar por el camino a su presencia, podemos tener la confianza de que los planes que Dios tiene para nosotros son imposibles de enumerar. Con esta confianza, podemos enfrentar el futuro y dejar atrás el pasado.

QUITAR LOS OBSTÁCULOS

¿Culpa a los demás—o incluso a Dios—por sus dificultades presentes? ¿Cuán responsable es por sus propios fracasos o acciones en el pasado? ¿Cuán responsable es por su futuro?

ORACIÓN

Señor, tú estás por encima de los tiempos, donde no hay pasado, presente ni futuro. Has visto mis pasos y mis experiencias del pasado. Ahora toma esas experiencias y úsalas en mi vida. Quiero que esas experiencias pasadas moldeen y transformen mi vida, a fin de que pueda ser más como Jesús. Si he intentado echarle la culpa a alguien, a algo o a alguna situación por mis circunstancias actuales, me equivoqué y confieso mi error en esta área. Te pido que reveles tus planes para mi vida y que tenga el valor diario para seguir tu voluntad. Gracias por tu cuidadosa guía. En el nombre de Jesús, amén.

GUÍA PARA EL CAMINAR DIARIO

Salmo 37

Día dieciocho

MÁS ALLÁ DE
NUESTRA CEGUERA

*...la sumisión a Dios, con afecto fraternal, y el afecto
fraternal, con amor por todos. Cuanto más crezcan de esta
manera, más productivos y útiles serán en el conocimiento
de nuestro Señor Jesucristo; pero los que no llegan a
desarrollarse de esta forma son cortos de vista o ciegos
y olvidan que fueron limpiados de sus pecados pasados.*

—2 PEDRO 1:7–9

L A BIBLIA PROMETE que cuanto más crezcamos
en la fe, la virtud, el conocimiento, el control
propio, la perseverancia, la sumisión, el afecto
fraternal y el amor, más creceremos en nuestra intimidad con Él. Cada una de estas medidas puede incre-
mentarse mediante el uso y el ejercicio de nuestra fe.
Se nos advierte también que "los que no llegan a desarrollarse de esta forma son cortos de vista o ciegos"
(2 Pedro 1:9).

Los cortos de vista o los ciegos tienen dificultades
para ver las cosas con exactitud. Yo (Lisa) sé que soy
corta de vista. Sin la ayuda de mis gafas, no reconozco
la figura de mi propio esposo hasta que está a veinte

pies de distancia (seis metros). La discapacidad visual nos hace perder nuestra dirección y visión. Los cortos de vista solo notan lo obvio. A menudo, lo obvio eclipsa lo eterno.

Esta falta de visión nos vuelve olvidadizos. "¿Dónde dejé mis llaves?". Si el objeto no está justo enfrente de nosotros, rápidamente nos lo olvidamos. Pedro dijo que este padecimiento nos hará olvidar que fuimos limpiados. Cuando este conocimiento se pierde, comenzamos a poner excusas.

¿Por qué alguien se tomaría la molestia de dar explicaciones por algo por lo cual ya no es responsable? Si un individuo recordara que él o ella ya ha sido limpiado, dicha persona simplemente diría: "Ah, eso fue antes de haberme convertido en una persona nueva".

Cuando no obedecemos la verdad que ha sido claramente revelada, nos engañaremos a nosotros mismos (Santiago 1:22). Nuestro corazón nos vuelve a condenar si tratamos de justificar nuestros pecados con las obras de la carne y la psicología humana. Volvamos al propósito de la salvación. ¿Acaso no fue para restaurar nuestra relación con Dios por medio de la remisión de los pecados y la limpieza de nuestro pasado?

Cuando esté frente a Dios, estaré sola, como un individuo. Cada uno de nosotros seremos juzgados según nuestras propias obras. Por esta razón necesitaba un Salvador. Había vivido una vida la cual no podría soportar la mirada y la presencia de un Dios santo. Me volví cristiana cuando me di cuenta de que era pecadora y Dios era santo. Ninguno de los dos podíamos acercarnos entre sí, pero Jesús se convirtió en mi Mediador.

Job describe su necesidad de un Salvador de esta forma: "Si tan solo hubiera un mediador entre nosotros, alguien que pudiera acercarnos el uno al otro" (Job 9:33).

Hoy tenemos a alguien que media entre Dios y nosotros. Imagínese lo siguiente: El libro de la vida es abierto, y se leen en voz alta las sentencias escritas en nuestra contra para que todos escuchen. En presencia de este Juez justo, nuestros pecados son flagrantes y la lista es extensa y de amplio alcance. Tenemos miedo de no ser perdonados.

Nuestra única esperanza es nuestro Abogado glorioso, el Hijo unigénito del Juez. Lloramos y temblamos en el silencio que prosigue al pronunciamiento de la sentencia: "Se los encuentra culpables de los cargos".

Entonces nuestro Abogado da un paso al frente e intercede por nuestra causa. "Padre, eres justo al declararla culpable. Ella sabía que este día llegaría, e intercambió su vida pecaminosa por mi señorío. Ha sido mi sierva. Mi muerte revoca la sentencia escrita en su contra. Los pecados que ha cometido están cubiertos por mi sangre".

"¡Está perdonada!", el Juez declara. ¡Ahora somos libres!

¡Imagínese el alivio y el gozo! Una vez y para toda la eternidad somos dignos de la ciudadanía en el Reino de Dios; no a causa de lo que hicimos o por las vidas que vivimos, sino por lo que Jesús hizo. Su justicia es incuestionable, ¡y nos ha sido asignada!

QUITAR LOS OBSTÁCULOS

¿Quedó atrapado en los detalles de la vida? ¿Ha perdido de vista el panorama de la vida eterna? Tome algunos momentos para celebrar el perdón de Dios por sus acciones pasadas, luego pídale a Dios que lo ayude a volver a enfocar su perspectiva en las cosas eternas.

ORACIÓN

Padre celestial, te pido que acalles las voces en mi mente y corazón que me condenan y que me regresan a mi manera de pensar corta de vista de mi pasado. Ayúdame a celebrar que has perdonado mi pasado. Gracias por aquel que es el Mediador entre Dios y el hombre, Jesús, el Cristo. Dame la sabiduría y la inteligencia para crecer cada día y volverme más como Jesús. Celebro el señorío de Cristo en mi vida. Amén.

GUÍA PARA EL CAMINAR DIARIO

Romanos 3; 1 Corintios 15

Día diecinueve

DEJE ATRÁS EL PASADO

*No, amados hermanos, no lo he logrado, pero me
concentro únicamente en esto: olvido el pasado y fijo la
mirada en lo que tengo por delante, y así avanzo hasta
llegar al final de la carrera para recibir el premio celestial
al cual Dios nos llama por medio de Cristo Jesús.*

—FILIPENSES 3:13–14

FILIPENSES 3:13–14 NOS instruye a olvidar lo que
queda atrás. (Esto significa todo el pasado: lo
bueno, lo malo y lo horrible). Nos exhorta a es-
forzarnos por lo que tenemos adelante, despojándonos
de la carga de nuestro pasado. Esa es la única manera
en la que podemos tener la fuerza necesaria para perseverar en nuestra meta.

¿Está usted en Cristo? Entonces deje atrás las cosas
viejas porque ya han pasado; una nueva manera de
vivir ha sido preparada para usted. Use el don de la fe
para entrar en esta nueva vida. Deje atrás su pasado,
porque su pasado no es su futuro.

Dios es el Señor de nuestro futuro. Él tiene planes
para nosotros. Él siempre planea con anticipación,
así que no tenemos que hacerlo nosotros. Todo lo
que debemos hacer es confiar en Él y conocer sus

caminos. Sus caminos son más altos y más sabios, y Él claramente nos dice que olvidemos nuestro pasado.

¿Cuántos corredores de maratón llevan mochilas? Si comenzaran corriendo con una, no tardarían mucho en dejarla, a fin de aligerar sus cargas para poder terminar la carrera. Los corredores compiten lo más livianos posible y llevan solo lo necesario para su carrera. El corredor de maratón sabe que debe conservar a mano todas sus fuerzas para la misma.

También nosotros corremos una carrera. No solamente una carrera física, sino también una espiritual. Eso es lo que hace a esta carrera diferente. "El camino de los justos es como la primera luz del amanecer, que brilla cada vez más hasta que el día alcanza todo su esplendor" (Pr. 4:18). Al caminar por esta senda, la misma se vuelve más clara y más distintiva.

Algunos de ustedes están corriendo con mochilas llenas de rocas, porque están tratando de llevar su pasado hacia el futuro. Otros de ustedes están mirando hacia atrás. Quizá tengan miedo de que su futuro sea como su pasado. Ahora es el tiempo de sepultar el pasado. Cuando justificamos nuestro comportamiento con nuestro pasado, decimos: "Me gané el derecho de ser así a causa de lo que me hicieron". Esta actitud traiciona la falta de perdón en nuestros corazones. El perdón es el fundamento mismo del evangelio. Sin el perdón, no hay remisión de pecado. La falta de perdón nos mantendrá atados a nuestro pasado. "No juzguéis, y no seréis juzgados; no condenéis, y no seréis condenados; perdonad, y seréis perdonados" (Lucas 6:37, RVR60).

La falta de perdón inevitablemente nos hace perder de vista nuestra propia necesidad de perdón. Tenemos la promesa de Dios de que si perdonamos, seremos perdonados. Sucede que cuando no perdonamos, el peso de nuestros propios pecados resulta agobiante. El perdón de Dios es la fuerza que nos libra de nuestro pasado. Incluso podemos librar a otros, porque "si ustedes perdonan los pecados de alguien, esos pecados son perdonados; si ustedes no los perdonan, esos pecados no son perdonados" (Juan 20:23). Pero recuerde, al no perdonar a otros, tampoco nosotros seremos perdonados. Algunos de nosotros hemos retenido el perdón a modo de castigo, cuando en realidad, solo nos estábamos castigando a nosotros mismos. ¿Vale la pena?

QUITAR LOS OBSTÁCULOS

¿Ha acumulado rocas de su pasado, las ha empacado e intentado llevarlas a su futuro? En su mente, deshágase de ellas una por una, y luego deje el pasado atrás. En fe, confíele su futuro a Jesús.

ORACIÓN

Señor mi Dios, a veces me siento como un corredor de maratón quien está cargado con una mochila llena de rocas. Trato de llevar mi pasado a mi futuro. En el nombre de Jesús, escojo por tu gracia quitar esta carga de mi pasado y correr hacia ti. No quiero mirar hacia atrás, sino seguir adelante con tu fuerza y tu bendición.

Si guardo algún sentimiento de resentimiento hacia otros, lo entrego en tus manos. Quiero perdonar a otros y celebrar el perdón que he recibido de ti por medio de Cristo. Gracias por el regalo de la vida eterna. Amén.

GUÍA PARA EL CAMINAR DIARIO

2 Corintios 5

Día veinte

AYUNE PARA OLVIDAR
EL PASADO

El Señor los guiará continuamente, les dará agua cuando tengan sed y restaurará sus fuerzas. Serán como un huerto bien regado, como un manantial que nunca se seca.

—ISAÍAS 58:11

L A BIBLIA NOS cuenta la historia de una viuda llamada Ana, quien era muy anciana. Ella tiene un valor histórico importante:

> Después ella vivió como viuda hasta la edad de ochenta y cuatro años. Nunca salía del templo, sino que permanecía allí de día y de noche adorando a Dios en ayuno y oración. Llegó justo en el momento que Simeón hablaba con María y José, y comenzó a alabar a Dios. Habló del niño a todos los que esperaban que Dios rescatara a Jerusalén.
>
> —LUCAS 2:37–38

Lo desafío a presentarse ante nuestro Padre y pedirle, por el poder del Espíritu Santo, que le revele cualquier área de su vida por la que necesite ayunar.

Aquel que ayune debe hacerlo por los motivos correctos. Jesús solía reprobar a los fariseos por sus ayunos religiosos y piadosos que realizaban para llamar la atención. Mateo 6:16 nos aconseja no ser como los hipócritas.

Hipócrita es otro término para impostor. Un impostor es alguien que engaña a otros al usar un personaje o pretextos falsos. Los fariseos pretendían ayunar para el Señor, cuando en realidad lo hacían para obtener el reconocimiento de los hombres. Su foco estaba en sus piadosas apariencias religiosas, y su recompensa era el reconocimiento del hombre. Querían ser grandes entre los hombres, pero no recibían nada de la mano de Dios. Usted debe elegir entre la recompensa del hombre o la recompensa de Dios. El ayuno religioso es galardonado por el hombre, mientras que el contrito y humillado es galardonado por Dios. Jesús continuó diciendo:

> Pero tú, cuando ayunes, péinate y lávate la cara. Así, nadie se dará cuenta de que estás ayunando, excepto tu Padre, quien sabe lo que haces en privado; y tu Padre, quien todo lo ve, te recompensará.
>
> —Mateo 6:17–18

Si no tenemos hambre de Dios, es porque hemos permitido que nuestras almas se satisfagan y se sacien con otras cosas. Una mañana cuando estaba orando, sentí la necesidad de tener más hambre de Dios. Le pedí a Dios que imparta esta hambre en mí. En ese entonces, escribía mis oraciones en mi diario. Esperé una respuesta por parte de Dios.

Tan rápido como pude escribir, Él me respondió. Me mostró que yo era el responsable de mi nivel de hambre. Me dijo que si no estaba hambriento, se debía a que ya estaba satisfecho, satisfecho con las preocupaciones de este mundo y con los placeres y distracciones del mismo. Me dijo que si deseaba tener hambre en medio de tantas cosas, necesitaría ayunar; ayunar de las cosas que me distraían, que me confortaban o me afligían.

Dios quiere ser una parte integral de nuestras vidas todos los días, no solamente cuando estamos en la cima de la montaña, espiritualmente hablando. He tenido que desarrollar mi audición, un oído que pueda escuchar en medio del alboroto y del bullicio de una casa llena.

Esto puede sorprenderlo, pero la mayor parte del tiempo que paso arrodillado es para vaciar mi corazón y arrepentirme. Una vez hecho esto, por lo general puedo escuchar la voz de Dios cuando Él desea hablarme.

QUITAR LOS OBSTÁCULOS

Dios puede usar el ayuno para limpiarlo del pasado e impartir conocimientos divinos a su vida diaria. Pídale a Dios que le muestre sobre qué áreas debe ayunar.

ORACIÓN

Señor, anhelo oír tu voz en mi vida. Usa el ayuno para librarme de las preocupaciones de mi pasado y mi presente. Quiero concentrarme en ti y en cómo me guías por el camino hacia una relación más profunda contigo. Honra el deseo de mi corazón de poder serte fiel. Por medio del Espíritu Santo, revélame las áreas de mi vida contaminadas por el pecado, y muéstrame las áreas en las que puedo ayunar para tu gloria. En el nombre poderoso de Jesús, amén.

GUÍA PARA EL CAMINAR DIARIO

Isaías 58

UNA NUEVA GENERACIÓN PARA REFLEJAR LA GLORIA DE DIOS

E L PROFETA MALAQUÍAS escribió lo siguiente en el último libro del Antiguo Testamento:

"¡Miren! Yo envío a mi mensajero y él preparará el camino delante de mí. Entonces el Señor al que ustedes buscan vendrá de repente a su templo. El mensajero del pacto a quien buscan con tanto entusiasmo, sin duda vendrá", dice el Señor de los Ejércitos Celestiales.

"Pero ¿quién será capaz de soportar su venida? ¿Quién podrá mantenerse de pie y estar cara a cara con él cuando aparezca? Pues él será como un fuego abrasador que refina el metal o como un jabón fuerte que blanquea la ropa. Se sentará como un refinador de plata y quemará la escoria. Purificará a los levitas, refinándolos como el oro y la plata, para que vuelvan a ofrecer sacrificios aceptables al Señor".

—Malaquías 3:1–3

Dios está levantando a una generación de personas que manifestarán su gloria, no la propia; un pueblo hecho a su imagen, que camine conforme a su carácter. La Palabra dice: "Pero en una casa grande, no solamente hay utensilios de oro y de plata, sino también de madera y de barro; y unos son para usos honrosos, y otros para usos viles. Así que, si alguno se limpia de estas cosas, será instrumento para honra, santificado, útil al Señor, y dispuesto para toda buena obra" (2 Ti. 2:20–21, RVR60).

Note que hay dos tipos de utensilios, unos honrosos y otros deshonrosos. El término griego para deshonra, *atimia*, se define como "deshonra, reproche, vergüenza, vil". La palabra griega para honra es *time*, la cual significa "precioso". A través del proceso de purificación o limpieza, nuestras vidas son refinadas y libres de impurezas. Pablo habla sobre el oro y la plata, cuyos procesos de refinación presentan similitudes. A fin de simplificar, analicemos brevemente el oro.

El oro tiene un color dorado hermoso y emite un suave brillo metálico. Está repartido ampliamente en la naturaleza, pero siempre se consigue en pequeñas cantidades. Raramente se halla el oro en un estado puro. En dicho estado el oro es suave, flexible y sin corrosión u otras sustancias. Si comparamos nuestras vidas con Dios, un corazón puro delante de Dios es como el oro puro.

El oro se purifica a través del fuego consumidor, y la escoria o las impurezas son removidas. El apóstol Pedro habló acerca de este proceso de refinación en nuestras vidas mientras aprendemos sobre el carácter de Dios: "Así que alégrense de verdad. Les espera una alegría inmensa, aunque tienen que soportar muchas pruebas por un tiempo breve. Estas pruebas demostrarán que su fe es auténtica. Está siendo probada de la misma manera que el fuego prueba y purifica el oro, aunque la fe de ustedes es mucho más preciosa que el mismo oro. Entonces su fe, al permanecer firme en tantas pruebas, les traerá mucha alabanza, gloria y honra en el día que Jesucristo sea revelado a todo el mundo" (1 P. 1:6–7).

A través de las pruebas y las tribulaciones pasamos por el fuego purificador de Dios. El calor de este fuego separa nuestras impurezas del carácter de Dios en nuestras vidas.

Al entrar en la presencia de Dios, el Señor cambiará nuestro carácter para reflejar el de Jesús. Durante los próximos cinco días por el camino a su presencia, examinaremos los obstáculos principales que han impedido a muchos de nosotros acercarnos más a Él. Si vamos a ser una generación que refleje la gloria de Dios, tendremos que aprender a quitar estos obstáculos. Cambiar nunca es fácil. De hecho, en nuestras propias fuerzas resulta imposible. Pero al cooperar con el poder del Espíritu Santo por medio de la obediencia, veremos que ocurre una transformación que muchos anhelan pero que no pueden obtener en sus propias fuerzas. El mayor beneficio será que desarrollaremos una relación más íntima con Dios. Demos vuelta la página y continuemos nuestro viaje.

Día veintiuno

¿QUÉ ES JUSTO?

También el reino del cielo puede ilustrarse mediante
la historia de un hombre que tenía que emprender un
largo viaje. Reunió a sus siervos y les confió su dinero
mientras estuviera ausente. Lo dividió en proporción a
las capacidades de cada uno. Al primero le dio cinco
bolsas de plata; al segundo, dos bolsas de plata; al
último, una bolsa de plata. Luego se fue de viaje.

—Mateo 25:14–15

EL OBSTÁCULO DE "No es justo" puede tener una gran influencia sobre nosotros. Como lo aprende Addison a continuación, también nosotros debemos aprender que la equidad no constituye un requisito previo a la gloria de Dios.

"Si todos nosotros fuimos creados por igual, entonces ¡no es justo!". Esta manifestación de protesta por lo general se escuchaba en mi cocina. A veces se trataba de una discusión por algún juguete: "¡Yo lo tenía primero!". O "¡Él tenía más!". Otras veces era un conflicto por un juego o deporte: "¡Él hizo trampa!" o "¡Es mi turno!".

Siempre que era posible, (Lisa) actuaba como si no escuchara. No quería involucrarme. Me detenía solo

117

para determinar cuán lejos podían llegar. ¿Se trataría de una pelea menor en la cual emplearían solo palabras? ¿O era una oportunidad para un derramamiento de sangre?

Con cuatro niños, por lo general en un mismo día tenían muchas de estas escaramuzas. Trataba de mantenerme al margen de estos desacuerdos; primeramente, porque siempre esperaba que los niños pudieran resolverlas; y en segundo lugar, me daba miedo dejar lo que estaba haciendo para subir las escaleras o ir afuera y mediar entre ellos.

Cuando mi hijo mayor, Addison, empezó la escuela primaria, su percepción de justicia se expandió para concebir una dimensión completamente nueva. Se autodesignó administrador de justicia. Su descripción de tareas incluía la distribución de asientos: "Tú te sentaste al lado de papá anoche, y esta noche es el turno de Alexander". O "Yo soy el mayor, así que debería sentarme en el asiento delantero del coche". Se extendió al sector alimentario, donde la justicia era escudriñada de acuerdo con sus preferencias. Si se trataba de una porción de helado, no era justo darles a todos la misma cantidad. Después de todo, ¡él era el mayor! Si se trataba de frijoles, no era justo darle a él más, porque no le gustaban.

Los frenos y contrapesos de la justicia producían enfrentamientos cada vez que surgía una aparente transgresión. Todo esto comenzó a agotar mi paciencia. Parecía que todo lo que le pedía no era justo, ¡y todos los que conocía no eran justos! Cierta noche, en respuesta a mi pedido de ayudar a ordenar la sala de TV, protestó: "¡No es justo! ¡No jugué con todos estos juguetes, y siempre termino guardando todo!".

Respiré profundo y lo senté. Le hice saber que entendía completamente cómo se sentía. Le compartí cuán a menudo sentía que no era justo que yo tuviera que arreglar desórdenes que no había hecho y lavar ropa que no había ensuciado.

Él sonrió y me dio una palmada. "¡Hagamos que los bebés recojan todos los juguetes, y nosotros vayamos a leer un libro!".

Podía ver que no estaba yendo a ninguna parte. Él necesitaba una nueva perspectiva. Le hice esta pregunta: "¿Fue justo que Jesús muriera en la cruz cuando no había hecho nada malo?".

Me miró perplejo, y su tono de voz cambió. "No".

"Dios no le pidió a Jesús que muriera porque era justo, sino porque se haría justicia. Jesús murió para cumplir con el castigo por el pecado del hombre. Addison, la vida no es justa, pero Dios es justo".

Fue uno de esos momentos tranquilos y preciosos, cuando ve en los ojos de su niño una verdad implantada. Usted sabe sin lugar a dudas que su hijo ha comprendido aquello que le dijo.

Lentamente asintió con su cabeza rubia, me abrazó y comenzó a recoger los juguetes, mientras llamaba a sus hermanos: "¡Por aquí, niños, su hermano mayor les mostrará cómo se hace!".

Deje que Jesús le muestre cómo reconocer su justicia, la cual es el camino a su gloria.

QUITAR LOS OBSTÁCULOS

A lo largo de cada día, la gente de este mundo demanda sus "derechos". Considere la diferencia entre equidad y justicia. ¿Cuál en su opinión tiene un valor mayor? Deje las cuestiones de equidad y de justicia en las poderosas manos de Dios.

ORACIÓN

Señor mi Dios, gracias por la misericordia, la gracia y la verdad con las que me colmas cada día de mi vida. Si recibiera lo que era justo o aquello que merecía por mis pecados, sería eternamente castigado. Sin embargo, por medio de la resurrección del Señor

Jesús, has provisto un camino por el cual puedo pasar la eternidad en tu presencia. Ayúdame a actuar en amor con aquellas personas que se crucen hoy en mi camino. En lugar de promover la equidad o la justicia, la cual es una tendencia natural del hombre, dame un corazón de amor y compasión por el poder de tu Espíritu. Quiero vivir en tu misericordia en lugar de experimentar tu justicia. Gracias por estar atento a los detalles de mi vida. Amén.

GUÍA PARA EL CAMINAR DIARIO

Juan 3; Filipenses 2

Día veintidós

VENGANZA: LA TRAMPA

Nunca devuelvan a nadie mal por mal.
Compórtense de tal manera que todo el mundo
vea que ustedes son personas honradas.

—ROMANOS 12:17

A FERRARSE A LA falta de perdón se asemeja a mantener una deuda con otra persona. Cuando alguien nos ofende, solemos sentir que están endeudados con nosotros o que nos deben algo.

Nuestro sistema judicial existe para que la parte perjudicada o agraviada pueda vengarse. Las personas tratan de saldar sus deudas en los juicios. Cuando una persona ha sido perjudicada por otra, la justicia humana dice: "Serán juzgados por lo que han cometido y cumplirán la pena si se los haya culpables".

Este no es el camino de la justicia. "Queridos amigos, nunca tomen venganza. Dejen que se encargue la justa ira de Dios. Pues dicen las Escrituras: "Yo tomaré venganza; yo les pagaré lo que se merecen', dice el Señor" (Ro. 12:19).

No está bien que como hijos de Dios nos venguemos. Pero eso es exactamente lo que pretendemos hacer cuando nos negamos a perdonar. Deseamos la venganza y buscamos una oportunidad para ejecutarla. Retenemos el perdón hasta que la deuda sea cancelada según nuestra satisfacción, determinando qué es aceptable como compensación. Cuando buscamos reparar los perjuicios ocasionados, nos convertimos en jueces. Dios es el Juez justo. Él pagará conforme a su justicia. Si alguien ha hecho algo malo y genuinamente se arrepiente, la obra de Jesús en el calvario cancela la deuda.

Usted puede discutir: "¡Pero fui yo quien me equivoqué, no Jesús!".

Es cierto, pero se ha olvidado del pecado que cometió contra él. Él verdaderamente era una víctima inocente. No cargaba culpa alguna, mientras que todos nosotros hemos pecado y fuimos justamente condenados a muerte. Cada uno de nosotros ha violado las leyes de Dios, y estas trascienden las leyes de la tierra. Si se hiciera justicia, todos mereceríamos morir en manos de la corte suprema del universo.

Quizá no haya hecho nada para provocar los daños que otros le hayan causado. Pero si contrasta lo que le hicieron con lo que se le ha perdonado a usted, no hay comparación. ¡Ni siquiera reduciría la deuda que tenía! Si se siente engañado, ha perdido el concepto de la misericordia que le fue extendida.

Según el pacto del Antiguo Testamento, si usted transgrede contra mí, yo tenía derechos legales a reclamar una retribución. La ley reinaba con supremacía. No obstante, Jesús tuvo que morir para hacernos libres. Mire cómo se dirige a los creyentes del nuevo pacto:

> Ustedes han oído que se dijo: "Ojo por ojo y diente por diente." Pero yo les digo: No resistan al que les haga mal. Si alguien te da una bofetada en la mejilla derecha, vuélvele también la otra. Si alguien te pone pleito para quitarte la capa, déjale también la camisa. Si alguien te obliga a llevarle la carga un kilómetro, llévasela dos. Al que te pida, dale; y al que quiera tomar de ti prestado, no le vuelvas la espalda.
> —MATEO 5:38–42, NVI

Jesús elimina toda área gris que pueda dar lugar a rencores. De hecho, Él dice que nuestra actitud tiene que estar tan alejada de la venganza propia, que debemos estar dispuestos a abrirnos a la posibilidad de que se aprovechen de nosotros una vez más.

Cuando buscamos reparar el daño que nos han ocasionado, nos convertimos en jueces. Debemos hacer espacio y darle lugar al Señor, el Juez justo. Él recompensa justamente. Solo Él puede tomar venganza con justicia. A lo largo del camino a su presencia, podemos estar seguros de que Dios es nuestro Juez justo. La venganza solo le pertenece a Él, nunca a nosotros.

QUITAR LOS OBSTÁCULOS

Cada vez que somos agraviados, nuestra inclinación natural es lanzarnos al ataque y defendernos. ¿Ha sido "ofendido" recientemente? ¿Cómo respondió? ¿Cómo puede devolver el mal que le causaron con amor y bondad? Es la manera que siempre asombra a otros y da testimonio de Cristo.

ORACIÓN

Padre celestial, tu Hijo, Jesús, era en verdad inocente; sin embargo, murió por mis pecados. Gracias por pagar la deuda, la cual nunca hubiese podido pagar. En este mundo, es tan tentador defenderse en cada frente, pero tú me has librado del poder del sistema de este mundo. Renuncio a cualquier tendencia o actitud hacia la venganza y me propongo guardar mi corazón. Concédeme una medida sobrenatural de tu amor a fin de poder extender tu misericordia hacia otros. Entrego todo asunto de venganza en tus manos. Gracias

por tu promesa de recompensar al justo. En
el poderoso nombre de Jesús, amén.

GUÍA PARA EL CAMINAR DIARIO

1 Juan 1–2

Día veintitrés

DESPÓJESE DE TODA AMARGURA

Hago este pacto contigo, para que nadie…produzca
frutos amargos y venenosos en medio de ti.

—**DEUTERONOMIO 29:18**

ESTABA MINISTRANDO SOBRE el tema de las ofensas en una iglesia en Florida (John). Una mujer se me acercó y me dijo que había perdonado a su exmarido por todo lo que había hecho. Mientras me escuchaba predicar sobre renunciar a las ofensas, se dio cuenta de que aún no tenía paz en su ser y se sentía muy inquieta.

"Usted todavía no lo ha perdonado", le dije gentilmente.

"Sí, lo hice", dijo. "He llorado lágrimas de perdón".

"Pudo haber llorado, pero aún no lo ha dejado ir".

Insistía en que yo estaba equivocado y en que lo había perdonado. "No quiero nada de él. Lo he soltado".

"Quisiera que me cuente lo que le hizo", le pedí.

"Mi marido y yo éramos pastores en una iglesia. Él me dejó y a nuestros tres niños y se fue con una mujer prominente de la iglesia". Lágrimas se formaron en sus ojos. "Decía que le había fallado a Dios al casarse conmigo, porque la voluntad perfecta de Dios para su vida era casarse con la mujer con la que huyó. Me dijo que ella era una persona valiosa para su ministerio porque lo apoyaba mucho más que yo. Dijo que yo era una carga y que lo criticaba. Me echó la culpa por nuestra ruptura matrimonial. Nunca ha regresado ni admitido que todo esto fue también su culpa, ni me ha pedido perdón".

Este hombre obviamente estaba engañado y había ofendido a su esposa y a su familia en gran manera. Ella había sufrido mucho dolor a causa de sus acciones y estaba esperando que él cancelara su deuda. Esta deuda no tenía nada que ver con la ayuda financiera, su nuevo marido le proveía económicamente. Ella quería que su exmarido admitiera que se había equivocado y reconociera que ella había estado en lo correcto.

Somos amonestados por el apóstol Pablo: "Recuerden que el Señor los perdonó a ustedes, así que ustedes deben perdonar a otros" (Col. 3:13). Y "… sean amables unos con otros, sean de buen corazón, y perdónense unos a otros, tal como Dios los ha perdonado a ustedes por medio de Cristo" (Ef. 4:32).

Gentilmente, le expliqué a esta mujer: "Usted no lo perdonará hasta que él vuelva a usted, admita que estaba equivocado, que fue su culpa y no la suya, y luego le pida que lo perdone. Esta es la deuda que la ha mantenido atada".

Lágrimas rodaban por sus mejillas. Aquello que pretendía parecía algo pequeño en comparación con todo el dolor que él les había causado a ella y a sus hijos. Sin embargo, estaba atada a la justicia humana. Se estaba poniendo ella misma como jueza, y reclamaba su derecho al cumplimiento de la deuda y esperaba su paga. Esta ofensa había entorpecido su relación con su marido actual. Asimismo, había afectado su relación con todas las autoridades masculinas, ya que su exmarido también había sido su pastor.

El autor de Hebreos nos amonesta, diciendo: "Seguid la paz con todos, y la santidad, sin la cual nadie verá al Señor. Mirad bien, no sea que alguno deje de alcanzar la gracia de Dios; que brotando alguna raíz de amargura, os estorbe, y por ella muchos sean contaminados" (He. 12:14–15, RVR60).

La amargura es una raíz. Cuando a las raíces se las cuida, se las riega, protege, alimenta y se les da atención, se vuelven más profundas y fuertes. Si no se las trata rápidamente, las raíces son difíciles de quitar. La fuerza de una ofensa crece con el paso del tiempo. La Biblia nos advierte que si una persona no sigue la paz al despojarse de las ofensas, finalmente, será contaminada; y es prácticamente inevitable ser corrompidos por la vileza de la falta de perdón. En el camino a su presencia, somos desafiados a seguir la paz.

QUITAR LOS OBSTÁCULOS

Examine lo profundo de su corazón por cualquier raíz de amargura. ¿Se encuentra actualmente atado por el peso de las deudas pendientes o promesas sin cumplir? Deje estas expectativas frustradas en las manos poderosas de Dios, y siga la paz que conduce a su gloria.

ORACIÓN

Señor mi Dios, admito la carga y las ataduras de las expectativas sin cumplir y las promesas rotas. Entrego cada expectativa y promesa incumplida en tus manos. Pueda tu Palabra rodear mi corazón y guardarme de toda amargura. Llena mi corazón con tu amor, y que tu paz me guarde cuando alguien se cruce en mi camino. Guíame por el camino angosto hacia tu presencia. Amén.

GUÍA PARA EL CAMINAR DIARIO

Efesios 4–5

PERMANEZCA OBSTINADO O DEJE QUE SU VOLUNTAD SEA QUEBRADA

*Cualquiera que tropiece con esa piedra se hará pedazos,
y la piedra aplastará a quienes les caiga encima.*

—MATEO 21:44

J ESÚS ES LA piedra de tropiezo, y su proceso de quiebre puede compararse con la de un domador de caballos de guerra. Un caballo no está preparado para la batalla hasta que su voluntad sea quebrada. Aunque pueda ser más fuerte, más ágil y más dotado que los otros caballos, no sirve hasta que su voluntad sea subyugada. Ser quebrado no significa volverse más débil, sino que su voluntad está completamente sujeta a la voluntad de su maestro. En el caso del caballo, su maestro es el jinete. Si al caballo se lo quiebra y se lo doma, se puede incluso confiar en él en la guerra. En el fragor de la batalla, cuando las flechas o las balas vuelen, este animal no se asustará. Aunque en la guerra se levanten hachas, espadas y pistolas, no se desviará de los deseos de su maestro. Permanecerá firmemente sujeto a su jinete, sin intentar protegerse o beneficiarse a sí mismo.

Este proceso de quiebre es único en cada individuo y el Señor mismo lo determina. Él es el único que conoce cuando este proceso llega a su fin. Recuerdo este proceso de quiebre en mi vida. Muy a menudo, creía plenamente que estaba listo y preparado para servir. Declaraba con confianza: "Me someto por completo a tu autoridad. Sé que estoy preparado para el ministerio al cual me has llamado". No obstante, el sabio de corazón sabía que mi voluntad no había sido quebrada todavía. Desde luego, pasaría por otra prueba, y todo ese tiempo luché por mis derechos.

Al igual que con los caballos, nuestro proceso de quiebre trata con la sujeción a la autoridad. La misma puede ser la autoridad directa de Dios o la autoridad delegada. No importa, pues toda autoridad proviene de Él (Ro. 13:1–2). Dios conoce el proceso perfecto para cada uno de nosotros.

Dios levantó a dos reyes que ilustran este proceso de quiebre: Saúl y David. Saúl representaba la voluntad del pueblo en un rey, reflejando con exactitud aquello por lo cual sus corazones rebeldes clamaban. Saúl nunca pasó por un proceso de quiebre. Su vida constituye un ejemplo trágico de un hombre inquebrantable a quien se le dio autoridad y poder. Saúl usó su autoridad y los dones dados por Dios para promover sus propios intereses.

Por otra parte, David fue la elección de Dios. Pasó por muchos años de rendición y preparación. La mayoría de la mano de su líder corrupto, el rey Saúl, la autoridad bajo la cual Dios había puesto a David. Atravesó pruebas severas, pero cuando Dios vio que su vaso fue quebrado y rendido, le dio autoridad. A pesar de los errores cometidos, David siempre permaneció sensible y fiel a la autoridad de Dios.

Por el contrario, Saúl obedecía a Dios cuando se ajustaba a sus planes, pero mantenía su dominio cuando no le convenía. Cumplía la palabra del Señor pero sin dejar de lado sus propias motivaciones. Saúl fue confrontado por el profeta Samuel a causa de su desobediencia y lo reprendió con estas palabras: "Porque como pecado de adivinación es la rebelión, y como ídolos e idolatría la obstinación" (1 S. 15:23, RVR60).

¿Por qué se compara la obstinación con la idolatría? La obstinación es la insubordinación directa a la autoridad de Dios. Una persona decide que él es su propio maestro y por lo tanto le sirve al ídolo de la voluntad propia.

Nuestra sociedad democrática es un terreno fértil para la insubordinación. A causa de ello, hemos perdido de vista qué significa sujetarse a la autoridad. La sujeción genuina nunca flaquea. Sin embargo, hoy solo nos sujetamos cuando estamos de acuerdo. Si la autoridad va en contra de nuestra voluntad o dirección, desobedecemos o continuamos de mala gana hasta que una mejor opción se presente. Esto nos vuelve especialmente vulnerables a los ministerios falsos y engañosos.

QUITAR LOS OBSTÁCULOS

Al rendir nuestra voluntad al Señor, Él moldea nuestras actitudes y nos protege contra los dardos de fuego de Satanás. ¿Existe alguna área en su vida por la cual se resiste a entregársela a Dios? ¿Le entrega sus cargas al Señor e inmediatamente después las vuelve a tomar? Teme el compromiso de servirle a Dios por completo y en total sujeción.

ORACIÓN

Señor mi Dios, he luchado contra este concepto de quebrantamiento y hallado una seguridad falsa en mi falta de sujeción. Admito que he sido obstinado al tratar de manejarme según mi propio poder. Me he apartado de tu autoridad he intentado enfrentar las situaciones en mis propias fuerzas. Perdóname por tener un corazón obstinado y por no acercarme a ti ante cada necesidad.

Te pido por el poder de tu Espíritu que me enseñes sobre la sujeción y el quebrantamiento. Al transitar por el camino a tu presencia, anhelo ser un vaso preparado para servirte. Como parte de ese proceso de preparación, reconozco que el quebrantamiento constituye una parte del camino. Estoy dispuesto, y en tus manos entrego mi vida. Gracias por tu dulzura y tu amor. Amén.

GUÍA PARA EL CAMINAR DIARIO

Mateo 8:5–13; Romanos 13

Día veinticinco

PIERDA EL ORGULLO Y VÍSTASE DE HUMILDAD

*El orgullo lleva a conflictos; los que
siguen el consejo son sabios.*

—PROVERBIOS 13:10

COMO CRISTIANOS, EN lugar de luchar por nuestros derechos o privilegios, necesitamos luchar en contra de nuestro enemigo el orgullo. Una vez mi esposa y yo estábamos teniendo una fuerte discusión. En el fragor del momento, el Señor me habló: "Tu orgullo está siendo expuesto". Al recordar Proverbios 13:10, me compungí de corazón.

Dios continuó diciendo: "John, cada vez que tú y Lisa discuten, encontrarás al orgullo al acecho por alguna parte, y debes enfrentarlo".

Uno podría argumentar: "¿Qué sucede si sé que tengo razón?". Jesús respondió esta pregunta: "Resuelvan rápidamente las diferencias" (Mt. 5:25). Si se rehúsa a defenderse a sí mismo, sucederá una, si no ambas, de las siguientes situaciones: Primeramente, dejará a un lado el orgullo, lo cual abrirá sus ojos para reconocer falencias en su propio carácter, que no fueron detectadas al principio. En segundo lugar, si tiene razón, estará siguiendo el ejemplo de Cristo al darle a Dios el lugar que le corresponde como juez de la situación. "Pues Dios se complace cuando ustedes, siendo conscientes de su voluntad, sufren con paciencia cuando reciben un trato injusto... Pues Dios los llamó a hacer lo bueno, aunque eso signifique que tengan que sufrir, tal como Cristo sufrió por ustedes. Él es su ejemplo, y deben seguir sus pasos. Él nunca pecó y jamás engañó a nadie. No respondía cuando lo insultaban ni amenazaba con vengarse cuando sufría. Dejaba su causa en manos de Dios, quien siempre juzga con justicia" (1 P. 2:19, 21–23).

Este es nuestro llamado: seguir el ejemplo de Cristo, quien sufrió cuando no tenía culpa alguna. Este precepto lucha contra la mente humana, ya que su lógica parece absurda. Sin embargo, la sabiduría de Dios demuestra que la humildad y la obediencia dan lugar al justo juicio de Dios. La defensa, la corrección, la reivindicación o cualquier otra respuesta que sea apropiada deben proceder de la mano de Dios, no del hombre. Un individuo que se reivindica a sí mismo no camina en la humildad de Cristo. Nadie en esta tierra posee más autoridad que Jesús y, sin embargo, nunca se defendió a sí mismo.

¡Las acusaciones en contra de Jesús eran completamente falsas! Todos los delitos por los que lo acusaban no eran ciertos. Aun así, no reprendió a sus acusadores ni se defendió a sí mismo. Su comportamiento hizo que el gobernador se maravillara de su serenidad. Nunca había visto un comportamiento semejante de parte de un hombre. (Vea Marcos 15:1–5.)

¿Por qué Jesús no se defendió a sí mismo? Lo hizo para poder permanecer bajo el juicio de su Padre y por ende su protección. Cuando nos rehusamos a defendernos, nos estamos ocultando bajo la mano de la gracia y juicio de Dios. No existe un lugar más seguro.

"Cuando vayas camino al juicio con tu adversario, resuelvan rápidamente las diferencias. De no ser así, el que te acusa podría entregarte al juez, quien te entregará a un oficial y te meterán en la cárcel. Si eso sucede, te aseguro que no te pondrán en libertad hasta que hayas pagado el último centavo" (Mt. 5:25–26). De acuerdo con esta parábola, se le hará pagar lo que sea que su acusador demande como restitución. Usted quedará indefenso y a su merced. Cuanto mayor sea la ofensa que él tenga en su contra, menor será la clemencia que le tendrá. Exigirá hasta el último centavo de su deuda. El orgullo diría: "Defiéndanse". Mas Jesús dijo: "resuelvan rápidamente las diferencias". Al hacer esto, pone a un lado el orgullo y deja que Dios sea el juez de la situación.

"Así que el que se vuelva tan humilde como este pequeño es el más importante en el reino del cielo" (Mt. 18:4).

Cuando nos humillamos al obedecer la Palabra de Dios, entonces su favor, su gracia y su justicia reposan sobre nosotros. Resulta difícil desarrollar esta actitud en nuestra sociedad acelerada, conveniente y cómoda. Por lo general, carecemos de la fortaleza necesaria para perseverar con paciencia. La liberación de Dios siempre llega, pero suele ser diferente de lo que esperábamos. ¡Su liberación llega llena de gloria! La humildad es el único camino al éxito verdadero y perdurable.

QUITAR LOS OBSTÁCULOS

Examine su lucha personal con el orgullo. ¿Suele defenderse a sí mismo con facilidad, o sigue el ejemplo de humildad de Cristo? Procure seguir de cerca a Jesús.

ORACIÓN

Padre, es natural desear defenderme a mí mismo; pero por el poder del Espíritu Santo, fortaléceme para seguir el ejemplo de Cristo. Procuro caminar esta senda difícil pero segura hacia tu presencia y permanecer en la seguridad de tu gracia. Cuando me traten injustamente, entregaré la ofensa en tus manos. Tú eres poderoso y capaz de manejar cualquier dificultad. Provéeme de tu respuesta y dirección. En el nombre de Jesús, amén.

GUÍA PARA EL CAMINAR DIARIO

Marcos 15:1–5; Romanos 12:19–21; 1 Pedro 2:13–23

Sección 6

SER MÁS
CONSCIENTES
DE DIOS

E L MUNDO QUIERE que desarrolle su "ego". Lo tienta a edificar su vida, su negocio o su ministerio con sus propios ladrillos, por medio de la fuerza de su personalidad, programas mundanos y técnicas inteligentes. También lo tienta a construir utilizando la manipulación o a ejercer el control a través de la intimidación. Pero si usted adula para ganar una posición o edifica perjudicando a otros con críticas o habladurías, entonces todo lo que haya obtenido, lo perderá. Aquello que haya construido será destruido.

Pablo escribió: "Dejen de engañarse a sí mismos. Si piensan que son sabios de acuerdo con los criterios de este mundo, necesitan volverse necios para ser verdaderamente sabios. Pues la sabiduría de este mundo es necedad para Dios. Como dicen las Escrituras: "Él atrapa a los sabios en la trampa de su propia astucia'" (1 Co. 3:18–19).

El foco de la sabiduría de este mundo está puesto en el yo. "Pero si tienen envidias amargas y ambiciones egoístas en el corazón, no encubran la verdad con jactancias y mentiras. Pues la envidia y el egoísmo no forman parte de la sabiduría que proviene de Dios. Dichas cosas son terrenales, puramente humanas y demoníacas" (Santiago 3:14–15). A los ojos de Dios, toda área de su vida en donde sus intenciones sean egoístas es considerada como la madera, el heno o la paja. Sin importar cuánto pueda parecer que ayuda a otros u opera en el nombre del Señor o el tiempo invertido que sacrificó, todo se quemará.

La envidia produce rivalidad en la Iglesia, y el temor que causa provoca división. Comenzamos a ocupar nuestras "posiciones de poder" a fin de mantener nuestro dominio seguro. Esta postura puede costarnos nuestros amigos, nuestra integridad o, más importante aún, nuestra relación con Dios. Incluso los ministros suelen dejarse llevar por las posiciones, títulos o salarios en detrimento de buscar el corazón de Dios a favor del pueblo. Estas cargas ahogan el amor de los líderes por el pueblo de Dios, y causan que los ministros se vuelvan egoístas. Tales ministros se esfuerzan por ser exitosos para llenar los vacíos que solo Dios puede llenar.

Muchos, no obstante, buscan el corazón de Dios. Cuanto más lo buscan, más parecen menguar. Claman: "Señor, cuanto más te busco, más disminuyo y menos me enaltezco". Pero Él les responde: "Cava más profundo".

> Todo aquel que viene a mí, y oye mis palabras
> y las hace, os indicaré a quién es semejante.
> Semejante es al hombre que al edificar una casa,

cavó y ahondó y puso el fundamento sobre
la roca.

—LUCAS 6:47–48, RVR60

Dios separa a quienes esperan en Él de aquellos
que edifican con las herramientas de la "publicidad" o
"programas". Dios levantará a aquellos que estén mirando y esperando su venida a su templo. Dios dice:
"En el momento que tengo pensado, haré justicia contra
los perversos...Pues nadie en la tierra —del oriente ni
del occidente, ni siquiera del desierto— debería alzar
un puño desafiante. Dios es el único que juzga; él decide quién se levantará y quién caerá" (Sal. 75:2, 6–7).

Al continuar por el camino a su presencia, nuestro
yo debe menguar a fin de que Dios pueda ser levantado. Durante los próximos cinco días, examinaremos
cómo las acciones egoístas constituyen obstáculos en
la intimidad con el Señor. En las páginas siguientes,
aprenderá a llenar su mente y corazón con más de
Dios y menos de usted. Este proceso es significativo
y constituye otro paso para acercarnos a la intimidad
con el Señor por el camino a su presencia.

Día veintiséis

¿QUÉ CRITERIO APLICA PARA OBEDECER, EL SUYO O EL DE DIOS?

No juzguen a los demás, y no serán juzgados. Pues
serán tratados de la misma forma en que traten a
los demás. El criterio que usen para juzgar a otros
es el criterio con el que se les juzgará a ustedes.

—MATEO 7:1–2

SI JUZGAMOS A los demás, seremos juzgados. Un día, mientras me secaba el cabello, (Lisa) estaba pensando y criticando a una amiga quien me había lastimado. Me dije a mí misma que siempre supe que era así y que me mantendría alejada de ella.

Esta persona me había lastimado repetidas veces. Nuestra amistad había sido inconstante a lo largo de los años. En un momento éramos las mejores amigas, y al siguiente nos convertíamos en enemigas, sin causa aparente. Después ella volvía a entablar una relación conmigo, solo para que el mismo ciclo se volviera a repetir. Los chismes eran inevitables, y ¡finalmente decidí ponerle fin a nuestra amistad!

Después de tomar esta determinación, esperaba sentirme libre, pero en cambio me sentí afligida mientras que el Espíritu me examinaba. Defendí mi postura: "Tengo razón en juzgarla. ¡Ella es así!".

De inmediato sentí que el Espíritu de Dios me preguntó. "¿Es eso lo que quieres que diga sobre ti?".

Quedé atónita. Después de todo, ¡Yo no era el problema aquí! ¿Qué tenía que ver yo con esto? Estaba hablando sobre ella. El Espíritu Santo continuó: "Cuando juzgas a alguien, estás diciendo que nunca va a cambiar, y por lo tanto, no tienes que reconciliarte con ellos. Si juzgas a los demás, entonces debo juzgarte. ¿Quieres que yo diga: Lisa nunca va a cambiar'?".

El apóstol Santiago escribió: "Solo Dios, quien ha dado la ley, es el Juez. Solamente él tiene el poder para salvar o destruir. Entonces, ¿qué derecho tienes tú para juzgar a tu prójimo?" (Santiago 4:12). Había presumido que conocía el corazón de alguien más, y cuando juzgué a esta persona, terminé sintiéndome angustiada porque también se me estaba juzgando. Solo Dios es el Juez, y no compartirá su trabajo con nadie más. Yo conocía las acciones de esta mujer, pero solo podía imaginar sus intenciones.

Aunque creía que mi información era certera, estaba incompleta en el mejor de los casos. Es importante notar que esta conversación nunca salió de mi boca, tuvo lugar solo en mi cabeza. Nunca tuve la intención de acusarla públicamente, pero como abogada y jueza, la había declarado culpable en el tribunal parcial de mi corazón.

Al ver la verdad, quería arrepentirme. Sin embargo, me preocupaba que mi arrepentimiento me condujera de nuevo a una relación insalubre. Antes de orar, me quejé: "¡Dios, es verdad! Este ciclo continúa sucediendo".

Gentilmente, el Espíritu Santo me animó: "Nunca dije que tienes que ser su amiga o que tus valoraciones estuvieran totalmente equivocadas; solo que tu reacción no era la correcta".

Fue allí cuando me di cuenta de que es posible tener la razón y aún estar equivocado. Necesitaba separar las acciones de esta mujer de sus intenciones. Era razonable decidir actuar con precaución en todas las interacciones futuras. Necesitaría ejercitar la sabiduría de Dios en mi relación con ella, pero no iba a convertirme en jueza para juzgarla.

"No habrá compasión para quienes no hayan tenido compasión de otros, pero si ustedes han sido compasivos, Dios será misericordioso con ustedes cuando los juzgue" (Santiago 2:13).

A pesar de que merezco ser juzgada, necesito compasión. Si quiero compasión, debo también ser compasiva, porque solo la misericordia triunfa sobre el juicio.

QUITAR LOS OBSTÁCULOS

¿A quién ha juzgado? Acérquese hoy ante el trono de Dios y libérelo de ese juicio. Cuando otros lo ofendan, la herida que le hayan causado puede convertirse en su prueba. Pídale a Dios que le conceda gracia para pasar dicha prueba.

ORACIÓN

Padre celestial, gracias por tu misericordia inmerecida, la cual triunfó sobre el juicio en mi vida por medio de Cristo Jesús. Confieso que a veces me he apresurado a juzgar a mis amigos, compañeros de trabajo, vecinos e incluso a personas de la calle. Por el poder de tu Espíritu, dame un corazón lleno de compasión y que se abstenga de juzgar a los demás.

Gracias por la manera amorosa con la que me guías por el camino a tu presencia. Te pido que al sembrar semillas de misericordia, pueda yo crecer más cerca de ti. En el nombre de Jesús, amén.

GUÍA PARA EL CAMINAR DIARIO

Mateo 7; Santiago 4

CALCULAR EL COSTO

Sin embargo, no comiences sin calcular el costo.
Pues, ¿quién comenzaría a construir un edificio sin
primero calcular el costo para ver si hay suficiente
dinero para terminarlo? De no ser así, tal vez
termines solamente los cimientos antes de quedarte
sin dinero, y entonces todos se reirán de ti.

—LUCAS 14:28–29

EXAMINE SUS INTENCIONES. ¿Es usted un verdadero discípulo de Jesucristo, o desea seguirle solamente dentro de los límites que usted establezca? ¿Permanece dentro de sus propias divisiones, alejado de los límites del autosacrificio? ¿Pueden estos límites apartarlo de los caminos por los que Jesús camina y, en última instancia, descalificarlo? (Vea 2 Corintios 13:5.)

A fin de decidir si seguir o no a Jesús, primeramente debemos conocer el costo. Seguir a Jesús requiere nada menos que su vida entera. Oiga la explicación de Jesús a la multitud que decidió seguirle:

> Si quieres ser mi discípulo, debes aborrecer a
> los demás —a tu padre y madre, esposa e hijos,

hermanos y hermanas— sí, hasta tu propia vida. De lo contrario, no puedes ser mi discípulo. Además, si no cargas tu propia cruz y me sigues, no puedes ser mi discípulo...Así que no puedes convertirte en mi discípulo sin dejar todo lo que posees.

—Lucas 14:26–27, 33

Esto es lo que cuesta permanecer hasta el final. El libro de Apocalipsis dice que aquellos que han vencido no amaron sus propias vidas, incluso hasta la muerte (Ap. 12:11). Desafortunadamente, esa no sería una descripción exacta de la iglesia actual en los Estados Unidos.

Yo (John) podría dar varios ejemplos de hombres y mujeres cristianos quienes aún son dueños de sus vidas. Una vez, cuando estaba pastoreando, una joven se me acercó quejándose: "Pastor John, tengo una autoimagen tan negativa. Por favor, ore para que mi autoestima mejore".

La miré y dije: "¡Ese es tu problema!".

Estaba desconcertada. Ella esperaba una prolongada sesión de consejería con una oración al final. También esperaba que fuera agradable y dulce para ayudarla a sentirse mejor sobre sí misma. Mi respuesta la sorprendió. Pero es la verdad la que nos hace libres y no solo hablar de nuestros problemas sin tratarlos de raíz.

Le pregunté: "¿Qué referencias encuentras en la Biblia sobre la autoestima o sobre una buena imagen personal? ¡Jesús dijo que a fin de seguirle, debes morir! ¡La gente muerta no tiene problemas de autoimagen! Alguna vez has visto a una persona muerta sentarse en un ataúd y decir: ¡Oigan! ¿Por qué me pusieron este traje? ¡No me gusta! ¿Y por qué arreglaron así mi cabello? ¿Qué va a pensar la gente?'. La persona está muerta, y no podría interesarle menos tales cosas, incluso si se lo colocara en una bolsa de papel dentro del ataúd. La gente que está muerta no tiene problemas de autoimagen".

Quería mostrarle que la autoestima y la buena imagen personal no se encuentran en la Biblia. Sentirse bien con uno mismo no constituye un requisito para amar y seguir a Jesús. Sus ojos estaban puestos en las cosas temporales, no en las eternas.

No podemos servir a Dios solo cuando nos sentimos bien con nosotros mismos, cuando estamos emocionados o cuando todo va según nuestros planes. A las personas que se comportan de este modo las llamamos "amigos en las buenas". Ahora bien, existen cristianos en las buenas que son insensatos. Tarde o temprano, tendrán que afrontar alguna situación que no se ajuste a sus parámetros. Si no están preparados, se rendirán. En sus corazones, habrán abandonado su búsqueda de Dios.

El amor de Dios no tiene límites. Si vamos a caminar con Él, debemos despojarnos de nuestras propias limitaciones. Al quitar esos límites se levantará otra barrera en el camino a su presencia.

QUITAR LOS OBSTÁCULOS

Por unos instantes, examine sus motivos para seguir a Jesucristo. ¿Está decidido a seguirle tanto en el gozo como en el sufrimiento? Espiritualmente hablando, quite toda limitación que haya establecido para con Dios. Siga al amor en sus relaciones, y pídale a Dios que profundice su intimidad con Él.

ORACIÓN

Señor mi Dios, no quiero ser un cristiano en las buenas quien solo te siga dentro de parámetros seguros. He calculado el costo de ser tu discípulo y entiendo que Jesús pagó un alto precio por mi libertad y mi vida. Anhelo seguirte cada día con todo mi corazón. Por el poder del Espíritu, suelto toda limitación que he establecido para con Dios. Quiero seguir el amor en todas mis relaciones.

Desde ahora, Dios, reconozco y te agradezco porque puedes lograr mucho más de lo que pudiera pedir o incluso imaginar. Gracias, Padre celestial, por enseñarme este paso en el camino hacia la intimidad. En el nombre de Jesús, amén.

GUÍA PARA EL CAMINAR DIARIO

Mateo 16:13–27; Lucas 14

Día veintiocho

MUROS DE PROTECCIÓN

*Un amigo ofendido es más difícil de recuperar que
una ciudad fortificada. Las disputas separan a los
amigos como un portón cerrado con rejas.*

—PROVERBIOS 18:19

U NA HERMANA O hermano ofendido es más
difícil de recuperar que una ciudad fortificada. En los tiempos de Salomón, las ciu-
dades fuertes tenían muros a su alrededor. Estos
muros garantizaban la protección de la ciudad. No
permitían el acceso de habitantes indeseables ni de in-
vasores. Tenía prohibida la entrada todo aquel que era
considerado una amenaza para el bienestar o la seguridad de la ciudad.

Cuando somos heridos, construimos muros para
proteger nuestros corazones y prevenir futuras heridas.
Nos volvemos selectivos, negándole la entrada a todo
aquel que pueda llegar a lastimarnos. Eliminamos de
nuestras vidas a quien creemos que nos debe algo. Les
negamos el acceso hasta que estas personas hayan pagado su deuda por completo. Abrimos nuestros corazones solo a aquellos que sentimos que están de
nuestro lado.

Sin embargo, a veces aquellos que consideramos de nuestro lado también se ofenden. Así que en lugar de ayudarnos, colaboran en apilar piedras adicionales a nuestros muros preexistentes. Sin darnos cuenta, esos muros de protección se convierten en una prisión de las ofensas. Pronto, no solamente nos volvemos cautelosos sobre quién entra, sino también somos temerosos de aventurarnos fuera de los muros de nuestra fortaleza.

La mirada de los cristianos ofendidos se torna hacia adentro y hacia la introspección. Velamos cuidadosamente por nuestros derechos y nuestras relaciones personales. Asegurarnos de que no tendrán lugar nuevas heridas consume toda nuestra energía. Sin embargo, si no nos arriesgamos a ser lastimados, no podemos dar amor incondicional. El amor incondicional les otorga a otros el derecho de herirnos.

El amor no busca lo suyo, pero cuando las personas son heridas se vuelven más y más egoístas y autosuficientes. En este ambiente hostil, el amor de Dios se enfría. Un ejemplo de la naturaleza puede verse en los dos mares de la Tierra Santa. En el mar de Galilea entran y salen libremente las aguas. No obstante, el mar Muerto recibe agua, pero nunca fluye. Las aguas vivas del mar de Galilea se mueren cuando se mezclan con las aguas estancadas del mar Muerto. El amor y la vida no crecerán ni florecerán a menos que se las deje libres.

Un cristiano ofendido recibe la vida, pero a causa del temor no puede fluir hacia otros. Como consecuencia, solo es cuestión de tiempo antes de ver su vida estancada dentro de los muros de la prisión de las ofensas. El Nuevo Testamento describe estos muros como fortalezas: "Usamos las armas poderosas de Dios, no las del mundo, para derribar las fortalezas del razonamiento humano y para destruir argumentos falsos. Destruimos todo obstáculo de arrogancia que impide que la gente conozca a Dios. Capturamos los pensamientos rebeldes y enseñamos a las personas a obedecer a Cristo" (2 Co. 10:4–5).

Estas fortalezas crean patrones de razonamiento establecidos, por medio de los cuales se procesa toda la información entrante. Aunque inicialmente se construyen por protección, se convierten en una fuente de tormentos y distorsión, porque luchan contra el conocimiento de Dios.

Cuando filtramos todo a través de las heridas del pasado, rechazos y malas experiencias, se vuelve imposible creerle a Dios. No podemos creer que su palabra sea verdad. Dudamos de su bondad y fidelidad, ya que lo juzgamos según los parámetros establecidos por el hombre en nuestras vidas. No obstante, "Dios no es hombre, para que mienta" (Nm. 23:19, RVR60). "Mis pensamientos no se parecen en nada a sus pensamientos —dice el Señor—. Y mis caminos están muy por encima de lo que pudieran imaginarse" (Is. 55:8).

La gente ofendida será capaz de encontrar pasajes de la Escritura que justifiquen sus posiciones, sin darse cuenta de que están erróneamente dividiendo la Palabra de Dios. El conocimiento de la Palabra de Dios sin amor constituye una fuerza destructiva porque nos llena de orgullo y legalismo. (Vea 1 Corintios 8:1–3.) Esto nos lleva a justificar nuestras acciones en lugar de arrepentirnos por nuestra falta de perdón, lo cual crea un ambiente en donde podemos ser fácilmente engañados. El conocimiento sin el amor de Dios conduce al engaño.

QUITAR LOS OBSTÁCULOS

Cuando usted es ofendido, ¿cómo reacciona? ¿Responde con amor o construye un muro de protección a su alrededor? ¿Cómo puede derribar sus muros de protección y extender el amor y restauración de Dios?

ORACIÓN

Padre, no quiero levantar muros de protección los cuales inevitablemente me aprisionarán. Me propongo vivir con una confianza y valor en tu amor y cuidado. Si he ofendido a algún hermano o hermana, toca mi espíritu y hazme consciente de dicha ofensa. Luego ayúdame a reconciliar esa relación. Quiero edificar y animar a las personas que se crucen en mi camino, no ofenderlas. Si otros usan la Biblia en defensa propia, ayúdame a amarlos con tu misericordia. En el nombre poderoso de Jesús, amén.

GUÍA PARA EL CAMINAR DIARIO

Juan 15

VERDADES ETERNAS PARA OBTENER RESULTADOS ETERNOS

Así que hemos dejado de evaluar a otros desde el punto de vista humano. En un tiempo, pensábamos de Cristo solo desde un punto de vista humano. ¡Qué tan diferente lo conocemos ahora! Esto significa que todo el que pertenece a Cristo se ha convertido en una persona nueva. La vida antigua ha pasado; ¡una nueva vida ha comenzado!

—2 CORINTIOS 5:16–17

L AS VERDADES ETERNAS producen resultados eternos; las verdades temporales o temporarias producen resultados temporales. Para erradicar una mentira, uno tiene que regresar a las verdades que existieron antes de la misma. Adán y Eva, siendo semejantes a Dios, estimaron ser iguales a Dios como cosa a que aferrarse. Si usted cree las mentiras, entonces tendrá miedo de enfrentar la verdad. Volvernos de la verdad a la mentira hace que la luz dentro de nosotros se convierta en tiniebla. Perdemos de vista lo eternal y nos limitamos a lo evidente. El "yo" habita en el plano de las cosas que se ven, lo obvio y lo terrenal.

La consciencia del yo constituye un resultado directo de la caída.

Me resulta increíble que la Biblia no contenga ninguna descripción física de Adán o Eva. Sus apariencias y edades no son una cuestión relevante. No encontramos ninguna descripción física de ningún individuo hasta después de que Adán y Eva se marcharan del huerto. Solo entonces a los hombres y mujeres se los definió por edades, hijos, trabajos y logros. En ocasiones, encontramos que se describe a una persona en cuanto a su relación con Dios, pero son ejemplos aislados y siempre apartados del resto. Las vidas de tales personas se destacan únicamente en el plan de Dios para la humanidad.

Sarai o Sara es la primera persona a quien se le asigna una descripción física. Abraham temía la cultura impía que lo rodeaba a él y a su familia. Temeroso de que estos hombres malvados lo mataran y tomaran a su esposa, le pidió a Sarai que mintiera a fin de protegerlo:

> Al acercarse a la frontera de Egipto, Abram le dijo a su esposa Sarai: "Mira, tú eres una mujer hermosa. Cuando los egipcios te vean, dirán: "Ella es su esposa. ¡Matémoslo y entonces podremos tomarla!". Así que, por favor, diles que

> eres mi hermana. Entonces me perdonarán la
> vida y me tratarán bien debido al interés que
> tienen en ti".
>
> —GÉNESIS 12:11–13

Después de la descripción de Juan el Bautista en las Escrituras, la necesidad por las descripciones físicas parecía una vez más perder importancia. El énfasis se trasladó de la apariencia externa y natural a la persona interna y eternal.

Hubo un tiempo, cuando Jesús caminó entre sus discípulos y otros creyentes en esta tierra como el Hijo del hombre; pero ahora habita en el cielo, y es imposible conocerle en el plano natural. Ahora le conocemos por medio del Espíritu, a través de las Escrituras. Se nos revela progresivamente, ya no como el Hijo del hombre, sino como el Hijo de Dios.

Los discípulos de Jesús lo habían conocido como un hombre natural, pero ahora Él es revelado como el Eterno. Pablo amonestó a los creyentes a adoptar esta misma visión de ver más allá de las cosas terrenales y evidentes y mirar las eternas; esto es: "Cristo vive en ustedes" (Col. 1:27). Esto lo llevó a decir: "Él murió por todos para que los que reciben la nueva vida de Cristo ya no vivan más para sí mismos. Más bien, vivirán para Cristo, quien murió y resucitó por ellos. Así que hemos dejado de evaluar a otros desde el punto de vista humano. En un tiempo, pensábamos de Cristo solo desde un punto de vista humano. ¡Qué tan diferente lo conocemos ahora!" (2 Co. 5:15–16).

Cuando nos volvemos a Cristo, el velo de muerte es quitado, y podemos vislumbrar lo eterno una vez más. Es un proceso que implica la renovación de nuestras mentes y voluntades. En lugar de servir a nuestro yo, debemos ahora sujetar y entregar el yo una vez más al Creador. A fin de ser menos conscientes de nosotros mismos, debemos ser más conscientes de Dios.

QUITAR LOS OBSTÁCULOS

¿Se encuentra envuelto en el velo temporal del yo o en las verdades eternas de Dios? Tome unos momentos para examinar qué cosas llenan su mente y corazón cada día. ¿Cómo puede concentrarse más en Dios y menos en las preocupaciones egoístas?

ORACIÓN

Padre celestial, por favor perdóname por toda tendencia que tenga hacia el dominio del yo. Tú dijiste que debo tomar mi cruz, negarme a mí mismo y seguirte. Señor, por mucho tiempo no me he negado a mí mismo, sino que he sido completamente consciente de mí mismo. He vivido para protegerme y sostenerme por mi cuenta. Por favor, perdóname. Renuncio a la naturaleza pecaminosa que busca servir al yo, y te pido que me enseñes a servirte a ti. Quiero ser cada vez más consciente de tu voluntad y tus caminos, y cada vez menos consciente de los míos. Restaura mi vista. Abre mis ojos y permíteme volver a ver lo eternal y volverme de lo carnal y terrenal. Quito los ojos de mí mismo y los pongo en ti. En el nombre de Jesús, amén.

GUÍA PARA EL CAMINAR DIARIO

Juan 6

Día treinta

EVITE EL CHISME

Los malhechores están ansiosos por escuchar el chisme;
los mentirosos prestan suma atención a la calumnia.

—PROVERBIOS 17:4

L A BIBLIA NOS enseña que está mal escuchar el chisme. Al escucharlo, su propia alma es contaminada por lo que oye. Sin darse cuenta, comenzará a observar los atributos que se han discutido o las falencias en el carácter del individuo acusado. Sorprendentemente, sus ojos son abiertos, y puede ver con claridad aquello que antes había permanecido oculto. Usted creerá que se debe a que ahora posee un mayor discernimiento; pero en realidad es porque ahora es más desconfiado.

De repente, cuando escucha el nombre de aquel individuo, su mente entona el coro de las acusaciones y quejas que oyó anteriormente. Pronto, se encontrará luchando con sus propios pensamientos críticos hacia esa persona.

Cada vez que hice caso a mis labios impíos (Lisa), me sentí afligida y prometí nunca volverlo a hacer. Era una fuente constante de frustración para mi vida. Sabía en mi corazón que estaba mal, y no quería hacerlo; sin embargo, parecía imposible detenerme. Me arrepentía de una situación, solo para quedar atrapada en otra. Llegué al punto donde le pedí a Dios que me aislara hasta que fuera capaz de elevarme por encima de este patrón o fortaleza en mi vida.

¿Por qué se había establecido una fortaleza en mi vida, y por qué era tan difícil de vencer? El chisme tiene su raíz en la incredulidad y es regado por el temor. La Biblia nos dice en 2 Timoteo 1:7 que el temor es un espíritu, y en Hebreos 3:12 que la incredulidad es una cuestión del corazón. Por tanto, con toda certeza podemos decir que el chisme es una cuestión del corazón. Somos víctimas del chisme cuando tenemos miedo de confiar en la verdad revelada de Dios. Sin importar cuán compleja o especial sea nuestra situación, si somos honestos encontraremos que la cuestión de fondo será el temor y la incredulidad.

Nos negamos a perdonar por miedo a que nos vuelvan a herir. Así que velamos por nuestras ofensas del pasado. Al hacer esto, demostramos que dudamos en la capacidad de Dios para sanar nuestros pasados y proteger nuestros futuros.

Maldecimos a otros porque creemos que nuestro valor está vinculado al de ellos. Tememos que si ellos lucen bien, entonces nosotros luciremos mal. Esto revela que nuestra autoestima no está basada en Cristo Jesús.

Nos volvemos celosos porque no creemos que Dios sea justo. Tenemos miedo de que Él tenga favoritos y que honre a personas en lugar de la fe y la obediencia. Debemos recordar que todo lo que recibimos es por gracia y fe en la bondad de Dios.

"Algunas personas hacen comentarios hirientes, pero las palabras del sabio traen alivio" (Pr. 12:18). El chismoso habla con palabras imprudentes y descuidadas que lastiman. La única manera para sanar las heridas es responder con palabras que contengan sabiduría y que promuevan la reconciliación. No debemos responder de la misma manera en que nos llega la información. Por ejemplo, nunca esté de acuerdo con el chismoso al agregar también su propia historia sobre el ofensor. Esto no promueve la sanidad, sino que ensancha la brecha.

Se nos instruye: "No respondas a los argumentos absurdos de los necios o te volverás tan necio como ellos" (Pr. 26:4). El libro de Proverbios también dice: "El que perdona la ofensa cultiva el amor; el que insiste en la ofensa divide a los amigos" (Pr. 17:9, NVI). Estos versículos se refieren a un daño o herida producida por alguien cercano a nosotros. Debemos desarrollar la sabiduría y el discernimiento necesarios para

responder con palabras de vida. He descubierto que
Proverbios brinda una excelente fuente de sabiduría
para guiar mi corazón.

Al estudiar el libro de Proverbios, no solo aprende-
remos a responder con sabiduría, sino que también
dividiremos sin equivocarnos nuestros propios pensamientos e intenciones. Esto se transmitirá cuando nos
acerquemos a otros con nuestros agravios.

QUITAR LOS OBSTÁCULOS

Es difícil resguardarse a sí mismo del chisme, pero
estas preguntas pueden servirle de ayuda:

- ¿Por qué me están contando esto?

- ¿Están confesando sus reacciones ante
  una ofensa, o solo la están repitiendo
  para influenciarme?

- ¿Se han acercado a las personas que
  los han ofendido? ¿Me están pidiendo
  que vaya con ellos para que la restauración pueda tener lugar?

- ¿Me encuentro en posición para
  ayudarlos?

ORACIÓN

Señor mi Dios, me arrepiento del chisme, ya sea que lo haya originado o escuchado. Te pido que guardes mis ojos y mis oídos. Derriba toda fortaleza del chisme en mi vida. Admito que en mis propias fuerzas es imposible conquistar estos hábitos; sin embargo, para ti nada es imposible. Ayúdame a quitar toda raíz de amargura y de inmediato echar todo pensamiento impío de mi mente. Pon tu cerco de protección alrededor de mi mente y corazón. En el poderoso nombre de Jesucristo, amén.

GUÍA PARA EL CAMINAR DIARIO

Efesios 4:20–5:2; Filipenses 4

Sección 7

EL TEMOR DEL SEÑOR NOS ACERCA A ÉL

L FINAL DEL Antiguo Testamento, el profeta
Malaquías escribió: "Entonces los que temían
al Señor hablaron entre sí y el Señor escuchó
lo que dijeron. En la presencia de él, escribieron un
rollo de memorias para registrar los nombres de los
que temían al Señor y siempre pensaban en el honor
de su nombre" (Malaquías 3:16). El Señor mira a aquellos cuyos corazones son fieles a Él en temor santo. Él
registra sus nombres en su libro de memorias y ha
afirmado que los deseos más profundos de sus corazones se cumplirán.

El temor de Jehová es un concepto que no puede
revelarse por completo, sin importar cuántos libros se
hayan escrito al respecto. Constituye una revelación
progresiva y continua, al igual que sucede con el amor
de Dios. Somos amonestados: "Antes persevera en el
temor de Jehová todo el tiempo" (Pr. 23:17, RVR60). No
podemos acercarnos demasiado.

El temor de Jehová también es difícil de definir.
Comprende un espectro asombrosamente amplio,
al igual que su contraparte, el amor de Dios. Por lo
tanto, la definición que aquí se ofrece es parcial y simplemente un punto de partida en esta revelación, ya
que no hay palabras que puedan describir la transformación interior del corazón. Creceremos en la revelación de Dios a lo largo de la eternidad. La revelación

de su amor y nuestro temor santo hacia Él crecerán proporcionalmente.

El temor de Dios abarca, pero no está limitado a, respetarlo y reverenciarlo; pues se nos ha dicho que temblemos ante su presencia. El temor santo le da a Dios la gloria, el honor, la reverencia, la gratitud, la alabanza y la preeminencia que solo Él merece. (Note que es lo que Él merece, no lo que nosotros pensamos que merece).

Cuando Dios tenga la preeminencia en nuestros corazones, anhelaremos sus deseos por encima de los nuestros, aborreciendo lo que Él aborrece y amando lo que Él ama, al temblar ante su presencia y su Palabra.

Ahora bien, oiga esto y medítelo en su corazón: *usted servirá a quien tema.*

Si teme a Dios, le servirá a Él. Si teme al hombre, servirá al hombre. Solo usted puede escoger. Los próximos cinco devocionales son un estudio acerca del temor de Jehová. Tome hoy la decisión de temer y honrar a Dios por sobre todo lo demás en su vida. El temor de Jehová nos proporciona la entrada secreta a una relación más cercana y más íntima con nuestro Padre celestial. Es otro paso más en el camino a su presencia.

Día treinta y uno

UNA REVERENCIA AÚN MAYOR

*Pero ahora sean santos en todo lo que hagan, tal como
Dios, quien los eligió, es santo. Pues las Escrituras dicen:
"Sean santos, porque yo soy santo". Recuerden que el
Padre celestial, a quien ustedes oran, no tiene favoritos.
Él los juzgará o los recompensará según lo que hagan.
Así que tienen que vivir con un reverente temor de él
durante su estadía aquí como "residentes temporales".*

—1 PEDRO 1:15–17

PEDRO CAMINÓ CON Jesús y fue testigo de este
juicio. Después escribió estas palabras con ins-
piración y una amonestación sincera. Más adelante en esta misma epístola, Pedro habla sobre el amor
por el Señor que debería arder en nuestros corazones,
diciendo: "Ustedes aman a Jesucristo a pesar de que
nunca lo han visto" (1 P. 1:8). Somos llamados a tener
una relación de amor personal con nuestro Padre,
pero Pedro se apresura a agregar el equilibrio: el temor
de Jehová. Nuestro amor por Dios está limitado por
la falta de temor santo. Nuestros corazones deben resplandecer con la luz y el calor de ambas llamas.

Pablo no caminó con Jesús en la tierra, pero tuvo un
encuentro con Él camino a Damasco. Él exhortó a los

creyentes, diciendo: "Por tanto, amados míos, como siempre habéis obedecido, no como en mi presencia solamente, sino mucho más ahora en mi ausencia, ocupaos en vuestra salvación con temor y temblor" (Fil. 2:12, RVR60). De hecho, esta frase "con temor y temblor" se vuelve a repetir algunas veces en el Nuevo Testamento, para describir la relación apropiada entre un creyente y Cristo.

Debemos recordar estos dos atributos inalterables: "Dios es amor" y "Dios es fuego consumidor" (1 Juan 4:8; Hch. 12:29, RVR60). Debido a que Dios es amor, podemos acercarnos a Él confiadamente. La Biblia agrega que debemos presentarnos delante de Él de una manera aceptable. ¿Cómo? Con "temor y reverencia" (Hch. 12:28, RVR60).

En uno de los servicios que se realizaron durante una semana de reuniones en Kuala Lumpur, Malasia, (John) temblé ante la santa presencia de Dios. Aquel día sentí la presencia del Señor llenar el edificio con varias olas diferentes, y muchas personas comenzaron a reírse en la medida en que su gozo fluía. Esto continuó durante diez a quince minutos.

Después de esto, oí al Señor decir: "Me voy a derramar en una última ola, pero será diferente de las anteriores". Me mantuve en silencio y esperé. Al minuto, una manifestación de la presencia de Dios muy distinta penetró en el edificio. Fue maravilloso y casi aterrador. Aun así, me metí por completo. El ambiente se volvió cargado. Las mismas personas quienes habían estado riéndose hacía solo unos instantes comenzaron a llorar, gemir y clamar. Algunos incluso gritaban como si se estuvieran quemando. No obstante, no eran los gritos atormentados que resultan de una actividad demoníaca.

Mientras me paseaba por la plataforma, pensé: "John, no hagas ningún movimiento en falso ni emitas ninguna palabra equivocada; si lo haces, eres hombre muerto". No estoy seguro si habría sucedido, pero este pensamiento transmitió la intensidad que sentía. Más tarde, pensé en Ananías y Safira (Vea Hechos 5:1–11). Sabía que la irreverencia no podía tener lugar ante esta presencia maravillosa.

Salimos de la reunión envueltos en asombro de la presencia de Dios. Un hombre, quien fue tocado de manera poderosa por su presencia, más tarde me dijo: "Me siento tan limpio por dentro". Estuve de acuerdo, porque también me sentía purificado. Después encontré esta escritura: "El temor de Jehová es limpio, que permanece para siempre" (Sal. 19:9, RVR60). En el camino a su presencia, debemos temer a Dios.

QUITAR LOS OBSTÁCULOS

Reflexione acerca de la doble naturaleza del Padre. Él es un Dios santo tanto para amar como para temer. Adore hoy al Señor por quién es Él. Pídale que imparta el temor santo en su corazón, al entrar a su presencia. Permita que su santidad profundice su amor por Él.

ORACIÓN

Padre, transfórmame en un vaso santo tal como tú eres santo. Cambia mi corazón y moldéame para ser alguien que entienda el temor del Señor, pero que aún te ame con un amor más profundo. Gracias porque a causa de la sangre de Jesús puedo entrar al lugar santísimo y presentarme delante de ti. Limpia mi mente y mi corazón al vivir y trabajar en este mundo. Quiero ser un testigo que rebosa de tu amor y de tu gracia en mi vida. Úsame para atraer a otros a la fe salvadora en Jesús. Te alabo porque me enseñas paso por paso cómo avanzar por el camino a tu presencia. En el nombre de Jesús, amén.

GUÍA PARA EL CAMINAR DIARIO

Hechos 5

Día treinta y dos

EL TEMOR SANTO ES PROBADO

Tiempo después, Dios probó la fe de Abraham.
—¡Abraham! —lo llamó Dios.
—Sí —respondió él—, aquí estoy.
—Toma a tu hijo, tu único hijo —sí, a Isaac, a
quien tanto amas— y vete a la tierra de Moriah.
Allí lo sacrificarás como ofrenda quemada sobre
uno de los montes, uno que yo te mostraré.

—GÉNESIS 22:1–2

CUANDO ABRAHAM TENÍA noventa y nueve años de edad, su esposa concibió y dio a luz al hijo de la promesa, Isaac. ¿Puede imaginarse el gozo que Abraham y Sara habrán experimentado, después de esperar por tantos años? ¿Puede imaginarse el amor que habrán sentido por este hijo prometido?

Pasó el tiempo y esta relación de padre e hijo se volvió cada vez más cercana. La vida de este niño significaba más para Abraham que su propia vida. Su gran riqueza se reducía a nada comparada con el gozo de este hijo. Nada significaba más para Abraham que el hijo preciado que Dios le había concedido. Entonces Dios probó a Abraham como se relata en Génesis 22:1–2.

¿Puede imaginarse la sorpresa de Abraham al oír estas palabras? Nunca habría soñado que Dios le pediría que hiciera algo tan difícil. Estaba perplejo. Su relación de padre e hijo era tan unida. Después de todos los años que esperaron por este preciado joven, Dios le había pedido más que incluso la propia vida de Abraham; le había pedido su corazón. Carecía de sentido.

Pero Abraham sabía que Dios no se equivocaba. No podía negarse aquello que Dios ya había manifestado. Solo existían dos alternativas para un hombre de pactos: obedecer o romper el pacto. Romper su pacto no era ni siquiera una consideración para este hombre de fe, porque estaba realmente inmerso en el temor santo.

Hoy sabemos que fue una prueba, pero Abraham no lo sabía. Casi nunca nos damos cuenta de que Dios nos está probando hasta que pasamos al otro lado. Quizá sea posible hacer trampa en una prueba en la universidad, pero nadie puede hacer trampa en las pruebas que Dios toma. Si no hemos estudiado ni hecho nuestra tarea al purificar nuestros corazones y lavar nuestras manos, no seremos capaces de aprobar las pruebas de Dios, ¡sin importar cuán inteligente seamos!

Si los descendientes de Abraham hubieran sabido el desenlace de lo que Dios estaba haciendo en el desierto de la prueba, habrían respondido diferente. Abraham tenía algo distinto en su corazón, algo que sus descendientes carecían.

Una vez, Dios me pidió (John) que rindiera algo que yo creía que me había dado. Era algo que significaba más para mí que todo lo demás. Lo había deseado por años. Era la oportunidad de trabajar para un evangelista reconocido mundialmente, alguien muy querido por mí.

A mi esposa y a mí se nos había ofrecido trabajar como asistentes de este hombre y su esposa. No solo estaba fascinado con este hombre, sino también lo veía como una oportunidad que Dios me estaba dando para cumplir el sueño que Él había implantado en lo profundo de mi ser: poder predicar el evangelio a todas las naciones del mundo.

Estaba convencido de que Dios querría que aceptara esta oferta maravillosa, pero me dejó en claro que debía declinarla. Lloré durante días después de haber rechazado la oferta. Sabía que había obedecido a Dios, pero aún no comprendía por qué me había pedido algo tan difícil para mí. Después de varias semanas de desconcierto, finalmente, clamé: "Dios, ¿por qué me hiciste entregar esto en el altar?".

Rápidamente, respondió mi clamor: "Para ver si me estabas sirviendo a mí o a tu sueño". Solo entonces comprendí que Dios me había probado. En medio de la prueba, no me había dado cuenta de lo que Él estaba haciendo. Solo mi amor por Dios y mi temor a Él impidieron que tomara mi propio camino.

QUITAR LOS OBSTÁCULOS

¿Alguna vez Dios le ha pedido que entregue un sueño o un deseo en sus manos? Es un testimonio de nuestra fe cuando confiamos en Dios por su guía y plan supremo para nuestras vidas.

ORACIÓN

Señor, aunque no me hayas pedido que sacrificara a mi único hijo, como hiciste con Abraham, me doy cuenta de que he entregado ciertos sueños y deseos ante ti. Gracias por el ejemplo de Abraham y su confianza permanente, incluso cuando no veía ningún resultado. Al igual que Abraham, por momentos se siente como si estuviera en un compás de espera mientras aguardo el cumplimiento de mis sueños. Enséñame durante los tiempos de espera, mediante el temor al Señor y la revelación continua de tu amor. Elijo verlos como una oportunidad y un tiempo para demostrar mi confianza en ti. Anhelo servirte cada día. Sé que tus planes para mi vida son perfectos. Revélalos a mi vida en tu tiempo perfecto. En el precioso nombre de Jesús, amén.

GUÍA PARA EL CAMINAR DIARIO

Génesis 22

Día treinta y tres

EL DENUEDO DE DIOS

Pues Dios no nos ha dado un espíritu de temor y timidez sino de poder, amor y autodisciplina.

—2 TIMOTEO 1:7

¿ALGUNA SE HA sentido intimidado? El propósito de la intimidación es hacernos renunciar a nuestra autoridad, lo cual deja nuestros dones inoperantes. Entonces, nos reducimos a funcionar en nuestras propias fuerzas y habilidades limitadas. Por lo general, nuestra posición pasa de ser ofensiva a ser defensiva. Conscientes de nuestra vulnerabilidad, retrocedemos aún más a un lugar seguro y cómodo.

Por tanto, si la intimidación adormeció el don, ¿qué lo despierta? El valor. Pero, ¿puede una persona intimidada tomar valor?

El valor proviene de las virtudes del poder, del amor y de la sabiduría. El verdadero denuedo viene de Dios y se alimenta de la virtud divina. El valor que se alimenta del carácter de Dios despierta los dones en nuestras vidas.

Algunas personas carecen de virtud detrás de su valor. Saben qué tienen que decir y actúan con seguridad cuando se enfrentan con poca o ninguna oposición. Pero sus fuerzas no son profundas, sino superficiales. El rostro de su valor es una máscara para el orgullo, la arrogancia o la ignorancia. Sus raíces son superficiales y, al final, una tormenta lo suficientemente fuerte las dejará expuestas. Cuando hay buen clima, uno no puede ver cuán arraigado está el árbol. Sin embargo, cuando es sometido a los vientos de la adversidad, será desarraigado o bien demostrará su fuerza.

David conocía el poder de Dios porque conocía a Dios. Este valor le permitió a David cumplir su destino y gobernar con justicia. Veamos sus años de juventud.

David era el octavo hijo de Isaí de Belén. Sus tres hermanos mayores servían en el ejército bajo el reinado de Saúl. Los filisteos habían reunido sus ejércitos en contra de Israel. Su campeón "Goliat se detuvo y gritó mofándose de los israelitas: '¿Por qué salen todos ustedes a pelear? Yo soy el campeón filisteo, pero ustedes no son más que siervos de Saúl. ¡Elijan a un hombre para que venga aquí a pelear conmigo! Si me mata, entonces seremos sus esclavos; pero si yo lo mato a él, ¡ustedes serán nuestros esclavos!'" (1 S. 17:8–9).

Normalmente, los israelitas habrían considerado esta opción en vez de la guerra, pero Goliat no era un soldado común y corriente. De acuerdo con algunos relatos, medía más de diez pies (tres metros). A fin de ponerlo en perspectiva, mire cualquier aro de baloncesto. ¡Su cabeza habría medido un par de pulgadas por encima del borde!

Ahora bien, David, quien apacentaba las ovejas, fue enviado por su padre para llevarles provisiones a sus tres hermanos mayores. David debió haberse preguntado: "¿Acaso olvidaron quién está de nuestro lado? No nos está desafiando a nosotros, ¡sino a Dios!".

David preguntó valientemente: "¿Quién es este filisteo pagano, al que se le permite desafiar a los ejércitos del Dios viviente?" (1 S. 17:26). Se palpaba en el aire la confrontación. El hermano de David, Eliab, lleno de orgullo y enojo, atacó a David en lugar del problema que afrontaba Israel.

Cuando una persona es intimidada, busca una salida, liberar la presión. Eliab acusó a David de ser orgulloso y perverso. Eliab pensó solo en sí mismo, y asumió que David era igual. No obstante, David era un hombre conforme al corazón de Dios. No era orgulloso sino humilde delante del Señor.

La gente que tiene una personalidad fuerte usará la intimidación para que una mentira parezca la verdad. Debe permanecer en el Espíritu para vencer la fuerza de tales ataques. Eliab, el mayor, parecía reunir las características de un gran líder y guerrero. Pero al igual que Dios le enseñó a Samuel: "No juzgues por su apariencia o por su estatura... El Señor no ve las cosas de la manera en que tú las ves. La gente juzga por las apariencias, pero el Señor mira el corazón" (1 S. 16:7). En nuestro camino a su presencia, el Señor examina nuestros corazones más que nuestras experiencias.

QUITAR LOS OBSTÁCULOS

Recientemente, ¿se ha sentido intimidado? Pídale a Dios que le muestre las situaciones en donde la intimidación está entorpeciendo sus dones. Recuerde, el valor en el Señor despierta los dones dados por Dios. Pídale a Dios que lo unja con denuedo fresco para romper las cadenas de la intimidación.

ORACIÓN

Señor, infunde mi vida con tu valor. Al igual que David, anhelo ser una persona conforme a tu corazón. Me propongo avanzar en tu fuerza y poder, y ya no permanecer inactivo a causa de la intimidación. Elijo conquistar la intimidación, a fin de poder resplandecer con tu amor sobre mi familia, amigos, vecinos y compañeros de trabajo. Al caminar en el Espíritu de poder y valentía, usa mis talentos y dones para tu servicio. Enséñame a amarte y temerte solo a ti. En el nombre de Jesús, amén.

GUÍA PARA EL CAMINAR DIARIO

1 Samuel 17

ESCOJA A QUIÉN TEMERÁ

¿Quiénes son los que temen al Señor? Él les mostrará el sendero que deben elegir. Vivirán en prosperidad, y sus hijos heredarán la tierra.

—SALMO 25:12–13

MUCHOS EN LA iglesia no comprenden el temor de Jehová. Esto es lamentable, porque constituye una parte fundamental para una vida cristiana triunfante. Isaías profetizó acerca de Jesús: "Él se deleitará en el temor del SEÑOR" (Is. 11:3, NVI). ¡Nosotros también deberíamos deleitarnos!

Su Palabra dice que el temor del Señor es el principio de la sabiduría y del conocimiento de Dios. (Vea Proverbios 1:7; 2:5; 9:10). Asimismo, prolongará nuestros días, porque Proverbios 10:27 dice: "El temor del Señor prolonga la vida, pero los años de los perversos serán truncados". Se nos advierte que nadie verá al señor sin santidad, la cual es perfeccionada por el temor al Señor. (Vea Hebreos 12:14; 2 Corintios 7:1.) Y esto es solo una muestra de lo que la Biblia dice acerca de temer al Señor.

La única manera de caminar totalmente libres de intimidación es caminar en el temor del Señor. La Biblia dice: "Los que temen al Señor están seguros" (Pr. 14:26).

Esta seguridad o confianza produce el valor que necesitamos para caminar en los caminos de Dios y no en el de los hombres. Examinemos las diferencias entre el temor de Dios y el temor del hombre.

Primeramente, ¿qué es el temor de Dios? El mismo comprende, pero no se limita a, respetarlo. Temerle significa darle la gloria, el honor, la reverencia, la gratitud, la alabanza y la preeminencia que merece. (Note que es lo que Él merece, no lo que nosotros creemos que merece). Dios ocupa este lugar en nuestras vidas cuando lo estimamos a Él y a sus deseos por encima de los nuestros. Cuando tememos al Señor, aborrecemos lo que Él aborrece y amamos lo que Él ama, con temblor ante su presencia y su Palabra.

Por otra parte, temer al hombre es sentirse alarmado, ansioso, desconfiado, acobardado, con miedo y pavor ante los hombres mortales. Cuando este temor nos atrapa, vivimos escapando, escondiéndonos del peligro o del reproche, constantemente evitando el rechazo y la confrontación. Nos volvemos tan ocupados salvaguardando nuestras vidas y sirviendo al hombre que somos incompetentes en nuestro servicio a Dios.

Por temor a lo que nos pueda hacer el hombre, no le damos a Dios lo que Él merece.

La Biblia nos dice: "El temor del hombre pondrá lazo" (Pr. 29:25, RVR60). Un lazo es una trampa. Temer a los hombres le roba la autoridad que Dios le ha dado, haciendo que sus dones permanezcan latentes dentro de usted. Se siente impotente para hacer lo correcto porque el poder de Dios que actúa en usted está inactivo.

La Palabra de Dios nos amonesta: "Escúchenme, ustedes que distinguen entre lo bueno y lo malo, ustedes que atesoran mi ley en el corazón. No teman las burlas de la gente, ni tengan miedo de sus insultos…¿por qué les temes a simples seres humanos que se marchitan como la hierba y desaparecen? Sin embargo, has olvidado al Señor, tu Creador…" (Is. 51:7, 12–13). Cuando complacemos a los hombres para escaparnos del reproche, nos olvidamos del Señor. Nos alejamos de su servicio. Pablo dijo: "Si mi objetivo fuera agradar a la gente, no sería un siervo de Cristo" (Gl. 1:10).

¡Usted servirá y obedecerá a quien tema! Si teme al hombre, será su siervo. Si teme a Dios, entonces será su siervo. ¡No puede temer a Dios si teme al hombre, porque no puede servir a dos maestros! (Vea Mateo 6:24). Por otra parte, ¡no tendrá temor del hombre si teme a Dios!

QUITAR LOS OBSTÁCULOS

¿Tiene usted temor de Dios o ha quedado atrapado en el temor del hombre? Al acercarse hoy ante Dios en oración, comprométase firmemente a rechazar el temor del hombre y darle a Dios un lugar mayor de honor, gloria y agradecimiento en su vida. Al hacer esto, será más consciente de Él y aumentará el temor del Señor en su vida.

ORACIÓN

Padre celestial, deseo tu presencia en mi vida. Anhelo aprender más acerca de cómo temerte en cada área de mi vida. Abro mi corazón y te pido que llenes mi vida con tu amor y tu presencia. Quiero darte la honra que tú mereces con mis acciones y pensamientos. Protégeme y guárdame de la inclinación natural de temer al hombre a quien puedo ver. En cambio, que mi deleite sea temerte a ti, a quien no puedo ver físicamente, pero a quien amo servir y obedecer. Te pido que me enseñes el temor del Señor, porque es el principio de la sabiduría y del conocimiento de tu persona. Llévame

paso por paso por el camino a tu presencia.
Amén.

GUÍA PARA EL CAMINAR DIARIO

Lucas 12

Día treinta y cinco

CORAZONES QUE LE TEMEN

*¡Oh, si siempre tuvieran un corazón así, si estuvieran
dispuestos a temerme y a obedecer todos mis mandatos!
Entonces siempre les iría bien a ellos y a sus descendientes.*

—DEUTERONOMIO 5:29

DURANTE LOS TIEMPOS de la iglesia primitiva
del Nuevo Testamento, Ananías y su esposa,
Safira, llevaron una ofrenda de una pro-
piedad que vendieron. (Vea Hechos 5:1–10.) Mintieron
al llevar solo una parte de la ofrenda. (Muchos la habrían considerado solo una "mentira piadosa"). Ambos
cayeron al suelo y murieron porque mintieron sobre la
suma de dinero en presencia de la gloria de Dios.

Solía preguntarme por qué las personas que en la
actualidad han hecho lo mismo en presencia de pre-
dicadores no han fallecido también. La respuesta es
porque la presencia de Dios era más poderosa en los
tiempos del libro de los Hechos de lo que es hoy. Por
ejemplo, Hechos relata que a continuación de este in-
cidente, Pedro caminaba por las calles de Jerusalén y
los enfermos eran sanados cuando la sombra de Pedro
caía sobre ellos (Hechos 5:15).

Hoy no vemos tales milagros. Sin embargo, cuando la presencia y la gloria de Dios aumenten, habrá relatos similares al de Hechos 5.

Observe qué sucedió después de que Ananías y Safira cayeran muertos: "Gran temor se apoderó de toda la iglesia y de todos los que oyeron lo que había sucedido" (Hechos 5:11). Estos creyentes se dieron cuenta de que necesitaban reconsiderar su trato ante la presencia y unción de Dios. Dios dice: "En los que a mí se acercan me santificaré, y en presencia de todo el pueblo seré glorificado" (Lv. 10:3, RVR60).

Dios retendrá su gloria para probarnos y prepararnos. ¿Seremos reverentes aun cuando su presencia no es manifiesta? En tantas maneras la iglesia moderna se comporta como los hijos de Israel. Cuando Dios dividió el mar Rojo, los hizo cruzar en tierra seca y luego hundió a sus enemigos en el mar, cantaron, danzaron y festejaron su victoria (Éxodo 15:1–21). Sin embargo, unos pocos días después, cuando su gran poder no era evidente, y escaseaba el alimento y la bebida, el pueblo murmuró contra Dios (Éxodo 15:22–24).

Más tarde, Moisés llevó al pueblo al Monte Sinaí para consagrarlos a Dios. Dios descendió a la vista de todo el pueblo sobre el monte. Entonces Moisés sacó del campamento al pueblo para recibir a Dios. Éxodo 20:18 dice: "Cuando los israelitas oyeron los truenos y el toque fuerte del cuerno de carnero y vieron los destellos de relámpagos y el humo que salía del monte, se mantuvieron a distancia, temblando de miedo". Retrocedieron con temor por sus propias vidas, porque amaban más sus propias vidas que a Dios.

> Entonces le dijeron a Moisés:
> —¡Háblanos tú y te escucharemos, pero que
>   no nos hable Dios directamente, porque
>   moriremos!
> —¡No tengan miedo! —les respondió Moisés—,
>   porque Dios ha venido de esta manera
>   para ponerlos a prueba y para que su
>   temor hacia él les impida pecar.
>   —ÉXODO 20:19–20

Observe que el temor de Dios le da poder sobre el pecado. Proverbios 16:6 dice: "Con el temor del SEÑOR el mal se evita".

El relato en Éxodo continúa: "Así que el pueblo se mantuvo a distancia, pero Moisés se acercó a la nube oscura donde estaba Dios" (Éxodo 20:21). El pueblo retrocedió mientras que Moisés se acercó. Moisés temía a Dios. Por tanto, no tenía miedo. No obstante, el pueblo no temía a Dios y estaba atemorizado. El temor de Dios lo acerca a la presencia de Dios, no lo aparta de ella. Pero el temor del hombre hace que se aparte de Dios y de su gloria.

Cuando estamos ligados al temor del hombre, nos sentiremos más cómodos en la presencia de los hombres que en la presencia de Dios, ¡incluso en la iglesia! Esto se debe a que la presencia de Dios descubre nuestros corazones y trae convicción. (Vea Lucas 12:2–5.) Oh, que podamos temer a Dios y no al hombre. Por tanto, debemos obedecer sus mandamientos al continuar por el camino a su presencia.

QUITAR LOS OBSTÁCULOS

¿Corre hacia la presencia de Dios o, a menudo, retrocede? Pídale a Dios que descubra su corazón y exponga sus intenciones por no anhelar más profundamente la presencia de Dios.

ORACIÓN

Señor, la Escritura nos dice que somos bendecidos porque creemos en ti aunque nuestros ojos no puedan verte. Al estudiar tu Palabra sobre el temor de Jehová, haz que mi fe aumente. No quiero solo decir que te temo, ¡sino deseo vivirlo! Me propongo obedecer tus mandamientos y crecer en el conocimiento de tu persona. Estoy agradecido porque el temor del Señor me viste de poder para conquistar el pecado. Por medio de tu gracia poderosa confiaré en ti y me acercaré a tu presencia. Entrego en tus manos poderosas toda necesidad durante cada hora de este día. En el nombre de Jesús, amén.

GUÍA PARA EL CAMINAR DIARIO

Éxodo 19–20

Sección 8

INTIMIDAD CON DIOS

CUANDO USTED TIENE intimidad con alguien, él o ella ocupa un lugar en su corazón sin reparar en las interrupciones o desafíos en su relación. Esto es ciertamente verdad en nuestra relación con el Padre eterno. Sin importar lo que pueda venir en nuestra contra o pasar por nuestras vidas, Él sigue siendo fiel. Pero ¿qué sucede con nosotros durante los tiempos de aflicción? El apóstol Santiago nos anima: "Amados hermanos, cuando tengan que enfrentar cualquier tipo de problemas, *considérenlo como un tiempo para alegrarse mucho porque* ustedes saben que, siempre que se pone a prueba la fe, la constancia tiene una oportunidad para desarrollarse. Así que dejen que crezca, pues una vez que su constancia se haya desarrollado plenamente, serán *perfectos y completos, y no les faltará nada.* Si necesitan sabiduría, pídansela a nuestro generoso Dios, y él se la dará; no los reprenderá por pedirla. Cuando se la pidan, asegúrense de que su fe sea solamente en Dios, y no duden, porque una persona que duda tiene la lealtad dividida y es tan inestable como una ola del mar que el viento arrastra y empuja de un lado a otro" (Santiago 1:2–6, énfasis añadido).

Observe que Dios dice: "considérenlo como un tiempo para alegrarse mucho". No dice: "considérenlo como un tiempo para alegrarse un poco y afligirse otro poco". No tiene que haber ningún ápice de aflicción en nuestros corazones.

Ahora bien, resulta fácil mantener el gozo cuando todo va bien. Pero Dios quiere sacar nuestra fortaleza del gozo durante los tiempos de pruebas. ¿Por qué la Biblia dice esto? Porque Dios sabe que "¡el gozo del SEÑOR es su fuerza!" (Neh. 8:10). El gozo constituye una fuerza espiritual que nos fortalece.

Dios promete: "una corona de belleza en lugar de cenizas, una gozosa bendición en lugar de luto, una festiva alabanza en lugar de desesperación" (Is. 61:3). Cierto día, cuando me encontraba solo en casa (John), sentí un espíritu de pesadez. Quería aproximarme más a Dios, así que tomé mi Biblia para leer, pero casi no podía concentrarme en las palabras. Comencé a orar, pero me resultaba aún más difícil. Sentí dentro de mí al Espíritu de Dios empujándome a que escuchara una de mis grabaciones de alabanza.

Frustrado, subí al ático en donde estaba guardado nuestro equipo de música y encendí algunas canciones de alabanza. Comencé a cantar, y cuando la melodía de las canciones se terminó, lo volví a encender una segunda vez. Esta vez, mientras cantaba, comencé a prestar atención a lo que estaba cantando. Gozo brotó de mi alma, y empecé a danzar y cantar alrededor del ático. Noté que mi foco de atención ya no estaba puesto en mí, sino en la grandeza de Dios y en el amor de Jesús. Celebré esta revelación con danza y canción durante los siguientes treinta minutos. Cuando se terminó, me di cuenta de que toda esa pesadez ya se había levantado. Sentía que la vida y la fuerza fluían a través de mí, cuando hacía tan solo treinta minutos me había sentido sin vida.

El profeta Isaías dice: "¡Con alegría ustedes beberán abundantemente de la fuente de la salvación!" (Is. 12:3). Al alabarle, mi perspectiva cambió, y cambié mi pesadez por el gozo del Señor. Había sacado fuerza de la fuente de la salvación. La alabanza mantiene nuestros ojos puestos en el gozo que nos fue dado. A fin de acercarnos, debemos contemplarle a Él. Estos cinco devocionales finales analizan esta área sobre la intimidad con Dios.

La intimidad no sucede de la noche a la mañana. La intimidad se da en función del crecimiento y la confianza. Constituye un proceso que por lo general implica tanto el dolor como el placer. Es un tiempo cuando nos atrevemos a ser lo suficientemente vulnerables como para dejar de lado nuestras máscaras, salir de nuestro escondite y dejarnos ver tal cual somos. Él nos ama íntima y profundamente. Él no rechazará nuestros intentos de acercamiento. Nos invita más cerca para ver y ser vistos. Oremos, mientras nos aventuramos en este camino a su presencia.

Día treinta y seis

LA GRANDEZA DE DIOS
ES MARAVILLOSA

Oh Dios, tú eres mi Dios; de todo corazón te
busco y he contemplado tu poder y tu gloria.

—SALMO 63:1–2

A FIN DE PODER darle a Dios la reverencia que Él merece, debemos procurar el conocimiento de la grandeza de su gloria. Este fue el clamor del corazón de Moisés, cuando valientemente suplicó: "Te ruego que me muestres tu gloria" (Ex. 33:18, RVR60).

Cuanto mayor sea nuestra comprensión sobre la grandeza de Dios (aunque en sí misma sea incomprensible), mayor será nuestra capacidad de temerle y reverenciarle solo a Él. Por ello el salmista nos anima: "Porque Dios es el Rey de toda la tierra; cantad con inteligencia" (Sal. 47:7, RVR60). Se nos invita a contemplar su grandeza; sin embargo, también el salmista nos dice: "Grande es Jehová, y digno de suprema alabanza; y su grandeza es inescrutable" (Sal. 145:3, RVR60).

Isaías tuvo una visión de la gloria inescrutable de Dios. Vio al Señor sentado en su trono, alto y sublime, y su gloria llenaba el templo. Alrededor de Él había ángeles enormes llamados serafines, quienes, a causa de la inmensa gloria de Dios, cubrían sus rostros con sus alas y daban voces diciendo: "Santo, santo, santo es el SEÑOR Todopoderoso; toda la tierra está llena de su gloria" (Is. 6:3, NVI).

A lo largo de la historia del hombre, la gloria de Dios se ha reducido una y otra vez a nuestra imagen y a la medida del hombre corruptible. Esto ha sido una gran locura. Incluso en la actualidad, queda demostrado en un grado alarmante en la Iglesia. Meditemos por un momento en las maravillas de sus obras, pues su creación predica un gran sermón y nos da razones para reflexionar.

Salmo 145:10–11 dice: "Todas tus obras te agradecerán, SEÑOR… Hablarán de la gloria de tu reino; darán ejemplos de tu poder".

Yo (John) tengo cuatro hijos. Hubo un tiempo cuando estaban demasiado interesados en cierto jugador profesional de baloncesto. Era uno de los atletas más populares en los Estados Unidos e idolatrado por muchos en esta nación. A mis hijos los había impresionado el hecho de que esta figura famosa del deporte pudiera tomar con la palma de una mano una pelota de baloncesto.

Después de un paseo por la costa atlántica, habíamos recién llegado de la playa en donde los niños jugaron y danzaron en las olas. Mientras nos secábamos después de nuestro baño, me senté con mis tres hijos mayores. "Niños, este es un océano enorme, ¿no es así?".

Al unísono, respondieron: "Sí, papá".

Continué: "Ustedes solo pueden ver una o dos millas del mismo, pero el océano en realidad se extiende por miles de millas. Y este ni siquiera es el océano más grande. Existe otro aún mayor llamado el océano Pacífico".

Los niños asentían con sus cabezas maravillados, mientras escuchaban desde nuestra ventana el poder del oleaje incesante de la marea alta.

Al saber que en cierta medida mis hijos habían comprendido mi punto en cuanto a la inmensa cantidad de agua, les pregunté: "Niños, ¿saben que Dios sostuvo toda el agua que ven, y los océanos que les acabo de describir, en la palma de su mano?" (Vea Isaías 40:12.)

Sus bocas y sus ojos reflejaban un asombro genuino.

La Biblia declara que Dios puede medir el universo con la palma de su mano (Is. 40:12). Sosteniendo mi mano delante de ellos, les mostré que esa distancia es desde el extremo del pulgar hasta el del meñique. "¡Dios puede medir el universo con la distancia de su pulgar hasta la punta de su meñique!". Después les dije que Dios puso las estrellas y nuestro sol en órbita con sus dedos. Quedaron asombrados. La grandeza del jugador de baloncesto fue puesta en la perspectiva correcta.

En el camino a su presencia, necesitamos considerar de continuo la grandeza de Dios. Tal consciencia aumentará nuestro conocimiento de Dios. Asimismo, continuamente alabaremos a Dios por su gran amor por nosotros, aun a la luz de su grandeza.

QUITAR LOS OBSTÁCULOS

En la medida en que aumenta nuestro entendimiento de la grandeza de Dios, también aumenta nuestra capacidad de temerle a Dios y crecer en nuestra intimidad con Él. Visite algún lugar en donde la magnificencia de la creación de Dios revele el poder asombroso de su carácter. Alábele y agradézcale en voz alta por las maravillas que pueda ver. Pídale que se revele a sí mismo a través de la grandeza de sus obras.

ORACIÓN

Dios, tu grandeza es inescrutable. Me maravillo ante tu capacidad de medir el vasto universo con tu mano. Aumenta mi intimidad contigo. Tengo sed por el conocimiento de tu persona y anhelo ver tu poder y tu gloria. En el nombre de Jesús, amén.

GUÍA PARA EL CAMINAR DIARIO

Job 38–42

EL TEMOR DE DIOS CONTRA EL MIEDO A DIOS

Jehová dijo a Moisés: Ve al pueblo, y santifícalos hoy y
mañana; y laven sus vestidos, y estén preparados para
el día tercero, porque al tercer día Jehová descenderá
a ojos de todo el pueblo sobre el monte de Sinaí.

—ÉXODO 19:10–11, RVR60

ISRAEL ACABADA DE partir de Egipto y fue guiado
por Moisés al monte Sinaí, en donde Dios revelaría
su gloria. Moisés les habló a los israelitas, pero
sus palabras también nos hablan a nosotros. Antes de
que la gloria de Dios fuera manifiesta, el pueblo debía
santificarse.

En la mañana del tercer día, retumbaron truenos
y destellaron relámpagos, y una nube densa descendió sobre el monte. Se oyó un fuerte y pro-
longado toque de cuerno de carnero, y todo el
pueblo tembló. Moisés llevó a la multitud fuera
del campamento para encontrarse con Dios, y
todos se pararon al pie de la montaña. El monte
Sinaí estaba totalmente cubierto de humo,
porque el SEÑOR había descendido sobre él en

forma de fuego. Nubes de humo subían al cielo
como el humo que sale de un horno de ladrillos,
y todo el monte se sacudía violentamente.

—Éxodo 19:16–18

La manifestación de Dios no solo fue vista, sino que también fue oída. Cuando Moisés habló, Dios le respondió en presencia de todos. Hoy muchas veces se alude al Señor como nuestro amigo, en el sentido informal de casi un compañero. Si pudiéramos llegar a vislumbrar aquello que Moisés y los hijos de Israel vieron, cambiaríamos de parecer de manera significativa. Él es el Señor, ¡y no ha cambiado! Lea atentamente la reacción de los hijos de Israel cuando Dios descendió:

Cuando los israelitas oyeron los truenos y el toque fuerte del cuerno de carnero y vieron los destellos de relámpagos y el humo que salía del monte, se mantuvieron a distancia, temblando de miedo. Entonces le dijeron a Moisés:

—¡Háblanos tú y te escucharemos, pero que no nos hable Dios directamente, porque moriremos!

—Éxodo 20:18–19

Observe que el pueblo tembló y mantuvo distancia. Ya no querían escuchar la voz audible de Dios. Tampoco querían verle o estar en presencia de su gloria; fueron incapaces de resistirla.

"Y Moisés respondió al pueblo: No temáis; porque para probaros vino Dios, y para que su temor esté delante de vosotros, para que no pequéis" (Éx. 20:20, RVR60). Este versículo hace una distinción entre tenerle miedo a Dios y temerle a Él. Moisés tenía temor de Dios, pero el pueblo no. Es una verdad infalible el hecho de que si no tememos a Dios, tendremos miedo de Él ante la revelación de su gloria, porque cada rodilla se doblará, ya sea por temor santo o por miedo. (Vea 2 Corintios 5:10–11.)

Vea la diferencia sobre cómo respondieron ante la gloria manifiesta de Dios: Israel mantuvo distancia, pero Moisés se acercó. Esta es una ilustración de las diferentes respuestas de los creyentes hoy en día. Al igual que Moisés, necesitamos del temor de Dios, a fin de que podamos acercarnos hacia la santa presencia de Dios.

QUITAR LOS OBSTÁCULOS

Haga una pausa y considere su relación con el Señor. ¿Es del tipo de relación relajada de "amigos" o la misma se basa en el temor del Señor y en la revelación de quién es Él en verdad? Tome algunos momentos y medite en la gloria y magnificencia de Dios.

ORACIÓN

Dios Padre, quiero acercarme a ti y entrar en tu presencia. No quiero tomar distancia de ti. Sé que eres santo y glorioso. Celebro tu amor en mi vida. Enséñame más acerca del temor del Señor. Quiero seguir el ejemplo fiel de Moisés y cómo te vio cara a cara. No quiero comportarme como los israelitas, manteniendo distancia de ti. Gracias por la sangre de Jesús. Gracias porque Jesús cargó con mis pecados y ahora puedo tener una relación contigo. Fortalece mi caminar por el camino a tu presencia. En el nombre de Jesús, amén.

GUÍA PARA EL CAMINAR DIARIO

Malaquías 3–4

EL COMIENZO DEL CONOCIMIENTO

El Señor es amigo de los que le temen;
a ellos les enseña su pacto.

—Salmo 25:14

E L DESEO DE todo buen creyente es caminar en una amistad íntima con Dios. Es lo único que siempre traerá plenitud. Es el propósito de Dios para la creación y la razón de su plan de redención. Es el deseo de su corazón y un tesoro reservado para aquellos que le temen.

Considere la sabiduría de Salomón: "El temor del Señor es la base del verdadero conocimiento" (Pr. 1:7). ¿Se refiere Salomón al conocimiento científico? No, ya que muchos científicos exaltan al hombre y no tienen temor de Dios. ¿Se refiere este versículo al desempeño social o político? No, porque los caminos del mundo son necedad para Dios. ¿Se trata del conocimiento de la Escritura? No, porque si bien los fariseos eran expertos en la ley, eran despreciables para Dios. Nuestra respuesta se encuentra en Proverbios 2:4–5: "Búscalos [las palabras de Dios] como si fueran plata, como si fueran tesoros escondidos. Entonces comprenderás lo que significa temer al Señor y obtendrás conocimiento de Dios".

El temor del Señor es el comienzo, o el punto de partida, de una relación íntima con Dios. La intimidad comprende una relación recíproca. Por ejemplo, yo (John) sé sobre el presidente de los Estados Unidos. Puedo mencionar información sobre sus logros o su orientación política, pero en realidad no lo conozco. Me falta una relación personal con él. Lo conocen aquellos que forman parte de la familia directa del presidente y sus asociados cercanos.

Otro ejemplo sería aquellos que están tan encantados con los atletas profesionales y las celebridades de Hollywood de nuestros días. Sus nombres son conocidos en los hogares de América. Los medios han puesto al descubierto sus vidas privadas a través de numerosas entrevistas televisivas y artículos de periódicos y revistas. Oigo a sus admiradores hablar como si estas celebridades fueran sus amigos cercanos. Incluso he llegado a ver a personas enredadas emocionalmente en los problemas maritales de sus celebridades favoritas, y las he visto lamentarse como si fueran miembros de la familia cuando sus héroes de la pantalla mueren.

Si estos seguidores alguna vez se encontraran con sus celebridades en la calle, no recibirían ningún tipo de reconocimiento. Si tuvieran las agallas suficientes como para detener a esta celebridad mientras camina, seguramente descubrirán que esta persona resulta ser bastante diferente de la imagen que representa. La relación entre las celebridades y sus seguidores es unilateral.

He lamentado este mismo comportamiento en la Iglesia. Escucho a creyentes hablar sobre Dios como si fuera solo un amigo, alguien con quien pasan el rato. De manera esporádica, cuentan cómo Dios les ha mostrado esto o aquello. Hablan sobre cuánto desean su presencia y ansían su unción. Por lo general, aquellos que son nuevos en el Señor o no son estables en sus relaciones con Él se sentirán incómodos y espiritualmente deficientes alrededor de estos "amigos cercanos" de Dios.

Enseguida, por lo general, escuchará a estos individuos contradecirse a sí mismos. Dirán algo que claramente revelará que sus relaciones con Dios no difieren de una relación entre un admirador y su celebridad favorita. Se jactan de una relación que simplemente no existe.

El Señor dijo que no podemos ni siquiera comenzar a conocerle en términos íntimos hasta que le temamos.

En otras palabras, una relación y amistad íntimas con Dios no tendrán lugar hasta que el temor de Dios esté firmemente plantado en nuestros corazones.

Podemos asistir a los servicios, leer nuestra Biblia a diario y concurrir a cada reunión de oración programada. Pero si no tememos a Dios, solo estaremos subiendo los peldaños de una escalera religiosa. ¿Cuál es la diferencia entre estos rituales religiosos y sufrir del síndrome de la celebridad? En nuestro camino a su presencia, necesitamos desarrollar una relación verdaderamente íntima con Dios.

QUITAR LOS OBSTÁCULOS

¿Ha padecido del "síndrome de la celebridad" con Dios el Padre, tratándole a Él como a un admirador o un amigo? Arrepiéntase de su actitud irreverente hacia Dios. Pídale que le dé un profundo respeto por su santidad.

ORACIÓN

Señor, dame la inteligencia y la capacidad para temerte y crecer en tu conocimiento y sabiduría. Confieso que en ocasiones mi actitud hacia ti ha sido realmente frívola. Tú eres santo y maravilloso. Tú sostienes el

*universo en tus manos, y aun así conoces
cada uno de mis pensamientos.*

*Te pido que al escoger temerte, mi amor
por ti y por otros aumente. Quiero ser un
testigo del amor de Jesús. Resplandece hoy
en mi vida, en el nombre de Jesús. Amén.*

GUÍA PARA EL CAMINAR DIARIO

Salmo 27; Salmo 34

Día treinta y nueve

AMOR Y FUEGO CONSUMIDOR

Así que, recibiendo nosotros un reino inconmovible,
tengamos gratitud, y mediante ella sirvamos
a Dios agradándole con temor y reverencia;
porque nuestro Dios es fuego consumidor.

—HEBREOS 12:28–29, RVR60

LA CONEXIÓN QUE existe entre la reverencia y el temor santo es significativa. Si el temor de Dios se limitara solamente a la reverencia, el autor no habría separado el concepto del temor santo de esta última. También, note que el autor no concluye con "Porque nuestro Dios es un Dios de amor", sino con "Nuestro Dios es fuego consumidor". Esta declaración acerca de Dios corresponde al hecho de que los hijos de Israel se mantuvieron distantes de su presencia. "Si el SEÑOR nuestro Dios vuelve a hablarnos, seguramente moriremos y seremos consumidos por ese imponente fuego" (Dt. 5:25). ¡Dios no ha cambiado! ¡Sigue siendo santo y sigue siendo fuego consumidor!

Sí, Él es amor, pero también es fuego consumidor. Nuestro juicio es mucho más severo que el de Israel cuando no oímos ni obedecemos la voz de Dios. La gracia que nos ha sido dada bajo el Nuevo Testamento no es para que la usemos para vivir como nos plazca. ¿Por qué los israelitas no hicieron caso a su voz? Porque no temían a Jehová.

En nuestras iglesias, hemos enfatizado el amor de Dios y oído muy poco acerca del temor de Dios. A causa de que no se ha predicado todo el consejo de Dios, nuestra visión del amor se ha vuelto distorsionada.

El amor del que hemos predicado es un amor débil. No tiene el poder para guiarnos a una vida consagrada. Ha apagado nuestro fuego, dejándonos tibios. ¡Nos hemos convertido en niños malcriados quienes no respetan a sus padres! Si no crecemos en el temor del Señor, corremos el riesgo de familiarizarnos con Dios y considerar comunes las cosas que para Él son santas.

El apóstol Pablo escribió: "Ocupaos en vuestra salvación con temor y temblor" (Fil. 2:12, rvr60). ¿Dónde está nuestro temor y temblor? ¿Acaso hemos olvidado que Él es el Juez justo? ¿Hemos olvidado sus juicios? Lea atentamente la siguiente exhortación:

> No te ensoberbezcas, sino teme. Porque si Dios no perdonó a las ramas naturales [Israel], a ti tampoco te perdonará. Mira, pues, la bondad y la severidad de Dios; la severidad ciertamente para con los que cayeron, pero la bondad para

contigo, si permaneces en esa bondad; pues de
otra manera tú también serás cortado.
—Romanos 11:20–22, rvr60

Nos hemos vuelto expertos en su bondad. Sin embargo, no solamente debemos considerar la misma;
también debemos entender la severidad de Dios. Su
bondad nos acerca a su corazón y su severidad nos
aleja del orgullo y toda clase de pecado. La persona
quien considere solo su bondad abandona el temor, el
cual lo guardará del orgullo y de la carnalidad. Del
mismo modo, la persona quien considere solo la severidad de Dios quedará fácilmente atrapada en el legalismo. Tanto el amor como el temor de Dios nos
mantienen en el camino angosto de la vida.

Estoy (John) resuelto a enfatizar que se ha descui-
dado este temor de Dios en nuestra iglesia moderna.
De verdad amo a Dios y me gozo en ser su hijo y en
el privilegio de servirle. Sé que es la bondad de Dios
que nos guía a arrepentimiento (Ro. 2:4). También sé
que el temor de Dios y su justicia nos impiden pecar
deliberadamente.

QUITAR LOS OBSTÁCULOS

Tome un momento y considere el hecho de que Dios es
tanto amor como fuego consumidor. El fuego consume

la escoria y solo queda el oro puro. Deje que el fuego de la santa presencia de Dios consuma el pecado y la maldad en su vida y lo purifique para su santo servicio.

ORACIÓN

Padre celestial, tú eres el fuego que todo lo consume. Te pido que me enseñes a amarte más profundamente y temerte con todo mi corazón. Señor, ayúdame a seguir el ejemplo del rey David, quien era un hombre conforme a tu corazón. Soy consciente de que tal profundidad en mi relación contigo no proviene de una única experiencia, sino que se desarrolla durante meses y años de constantemente caminar juntos.

Anhelo ser alguien que tenga una relación íntima contigo. Me propongo llenar mi mente y mi corazón con pensamientos sobre ti a lo largo de mi día. Quiero ser más como Jesús a diario. En el nombre poderoso de Jesús, amén.

GUÍA PARA EL CAMINAR DIARIO

Isaías 60

BUSQUE LA SABIDURÍA DIVINA

Hijo mío, presta atención a lo que digo y atesora mis mandatos. Afina tus oídos a la sabiduría y concéntrate en el entendimiento. Clama por inteligencia y pide entendimiento. Búscalos como si fueran plata, como si fueran tesoros escondidos. Entonces comprenderás lo que significa temer al Señor y obtendrás conocimiento de Dios. ¡Pues el Señor concede sabiduría! De su boca provienen el saber y el entendimiento.

—**PROVERBIOS 2:1–6**

L A SABIDURÍA ESTABA tan arraigada en la vida de Salomón que él sabía qué quería incluso antes de que Dios se lo preguntara. Llevaba el profundo deseo de sus padres de conocer la sabiduría de Dios y de entender su temor santo. Él sabía acerca del hermano quien lo había precedido. Había oído que el Señor lo amaba y que lo había separado como príncipe entre príncipes. Sabía que solo la sabiduría podría preservar y guiar su vida como rey.

Salomón buscó la sabiduría toda su vida. Tan sabio como era, desobedeció el mandamiento de Dios de nunca casarse con una extranjera. Se casó con muchas de ellas, y alejaron su corazón del Señor y, finalmente, provocaron que se apartara de Dios con todo su corazón.

Después de un próspero reinado de cuarenta años, Salomón reflexionó sobre su vida y dio este resumen de toda su búsqueda:

> Aquí culmina el relato. Mi conclusión final es la siguiente: teme a Dios y obedece sus mandatos, porque ese es el deber que tenemos todos. Dios nos juzgará por cada cosa que hagamos, incluso lo que hayamos hecho en secreto, sea bueno o sea malo.
>
> —ECLESIASTÉS 12:13–14

Hacia el final de su vida, él regresa a la sabiduría de sus padres. Exhorta a quienes lean sus palabras a primeramente temer a Dios y, en segundo lugar, a obedecer sus mandatos. ¿Por qué? Porque llegará el día cuando cada uno de nosotros debamos estar delante del Rey supremo y mirar mientras juzga cada palabra y cada acción. Salomón estuvo al umbral de ese juicio y pudo sentir la urgencia de lo que realmente merecía su tiempo y atención.

Al ser el más sabio de todos, sabía lo que era verdaderamente valioso. Percibió la escala de la medida eterna y verdadera de Dios. Dios es el Juez supremo de la verdadera medida de una persona. Él solo está interesado en aquello que queda después de que el fuego de la verdad limpie la cizaña y la escoria.

La medida de fe nos hace creer que Dios es justo y que Él es bueno. Gracias a estas dos verdades podemos abrazar libremente el evangelio y escondernos en Cristo. Esto nos concede su justicia. No tenemos que depositar nuestra confianza en nosotros mismos ni en la justicia propia. Negándonos a nosotros mismos vamos a abrazar la cruz.

El amor de Dios nos atrae más a Él. Al contemplarle, somos transformados a su imagen y semejanza.

El temor de Dios nos impide que retornemos al camino de la destrucción. Nos guarda y nos limpia de toda impureza. El temor santo imparte un conocimiento salvador del Señor. Es la luz que nos atrae más cerca, mientras que su amor nos da seguridad y su fe nos viste de poder.

Estas tres hebras—fe, amor y temor santo—cuando son firmemente entrelazadas nos proporcionan un lugar seguro. Constituyen los criterios con los que Dios juzga las intenciones de nuestro corazón. Este parámetro se aplica a todos aquellos que abracen la cruz.

Ya no tiene importancia cómo nos mide este mundo o la ley, porque se ha establecido delante de nosotros un camino nuevo y vivo. Para entrar en una mayor profundidad de su presencia y abrazar una relación íntima con el Dios eterno, debemos crecer en nuestra fe, amor y temor santo. No obstante, no podemos crecer en nuestras fuerzas, sino que debemos entregarnos en las manos poderosas de Dios y usar el poder y la fuerza del Espíritu de Dios.

QUITAR LOS OBSTÁCULOS

Prepare su corazón para buscar la sabiduría de Dios. Memorice las promesas de Dios y cuide su tiempo invertido en la lectura de la Biblia. Escuche canciones de alabanzas a lo largo del día y cree un ambiente para su presencia. Anote los versículos del libro de Proverbios que hablen directo a su corazón. Separe un tiempo de meditación para que el Espíritu Santo lo lleve al lugar del conocimiento íntimo del Padre.

ORACIÓN

Dios, reconozco que es imposible tener una relación íntima contigo en mi propio poder o fuerzas. Por tanto, te ruego, Santo Espíritu, que siempre me guíes en amor, fe y en el temor reverencial de Dios. No quiero quedarme como estoy mientras camino en tu presencia. Anhelo crecer y ser más como el Señor Jesús. Gracias por las Escrituras y el ejemplo de Jesús al caminar en esta tierra. Despierta en mí un deseo de conocerte más, y dame de tus fuerzas para transitar el camino que tengo por delante. Gracias por la bendición de crecer en mi intimidad contigo. Te lo pido en el poderoso nombre de Jesucristo, amén.

GUÍA PARA EL CAMINAR DIARIO

Proverbios 4

UN PLAN PARA ESCAPAR DE LAS DEUDAS Y TENER ÉXITO EN SUS FINANZAS

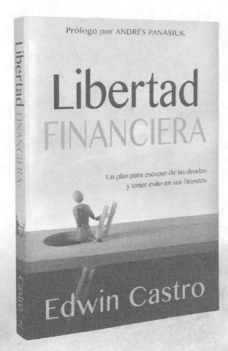

Prólogo por ANDRÉS PANASIUK

Libertad FINANCIERA

Un plan para escapar de las deudas y tener éxito en sus finanzas

Edwin Castro

El autor Edwin Castro le enseña cómo salir y evitar la esclavitud que causa la presión por las deudas. En este libro encontrará:

- Fundamentos sobre el manejo de sus finanzas.
- Cómo liberarse de la deuda, la pobreza y la escasez.
- La clave para encarar el reto financiero y tener esperanzas.
- Aprender a hacer un presupuesto.
- Desarrollar un plan de pago acelerado.
- Practicar la ley de la siembra y la cosecha.

Dígale "¡NO!" al endeudamiento y "¡SÍ!" a la *libertad financiera*

NO ESPERE. TOME LA DECISIÓN HOY MISMO.

CASA CREACIÓN
www.casacreacion.com